Discovery EDUCATION
맛있는 과학

디스커버리 에듀케이션
맛있는 과학-03 우주여행

1판 1쇄 발행 | 2011. 11. 4.
1판 5쇄 발행 | 2018. 3. 11.

발행처 김영사
발행인 고세규
등록번호 제 406-2003-036호
등록일자 1979. 5. 17.
주　 소 경기도 파주시 문발로 197(우10881)
전　 화 마케팅부 031-955-3102 편집부 031-955-3113~20
팩　 스 031-955-3111

Photo copyright©Discovery Education, 2011
Korean copyright©Gimm-Young Publishers, Inc., Discovery Education Korea Funnybooks, 2012

값은 표지에 있습니다.
ISBN 978-89-349-5257-2 64400
ISBN 978-89-349-5254-1 (세트)

좋은 독자가 좋은 책을 만듭니다. 김영사는 독자 여러분의 의견에 항상 귀 기울이고 있습니다.
독자의견전화 031-955-3139 | 전자우편 book@gimmyoung.com | 홈페이지 www.gimmyoungjr.com
어린이들의 책놀이터 cafe.naver.com/gimmyoungjr | 드림365 cafe.naver.com/dreem365

어린이제품 안전특별법에 의한 표시사항
제품명 도서 제조년월일 2017년 9월 22일 제조사명 김영사 주소 10881 경기도 파주시 문발로 197
전화번호 031-955-3100 제조국명 대한민국 ⚠주의 책 모서리에 찍히거나 책장에 베이지 않게 조심하세요.

최고의 어린이 과학 콘텐츠
디스커버리 에듀케이션 정식 계약판!

Discovery EDUCATION™

맛있는 과학

3 | 우주여행

태영경 글 | 최승협 그림 | 류지윤 외 감수

주니어김영사

차례

1. 지구와는 다른 우주

별들은 어떤 모습일까요? 8
우주에는 중력이 없어요 10
지구에서도 무중력 상태를 느낄 수 있어요 15
　　TIP 요건 몰랐지? 무중력 상태를 눈으로 확인해요 17
　　Q&A 꼭 알고 넘어가자! 18

2. 우주인의 꿈

우주인의 조건 22
　　TIP 요건 몰랐지? 우주인의 신체검사 24
우주복을 입어요 25
우주 식품을 먹어요 28
인류 최초의 우주 비행사 31
우리나라 최초의 우주인 34
　　TIP 요건 몰랐지? 도킹이란 무엇일까요? 36
　　　　　　　이소연 박사가 탄 소유스호 37
이소연 박사의 우주 실험실 38
　　Q&A 꼭 알고 넘어가자! 42

3. 로켓을 타고 우주정거장으로

우주선의 발사를 돕는 로켓 46
- TIP 요건 몰랐지? 로켓을 발사시키는 작용 반작용의 법칙 50
- TIP 요건 몰랐지? 대기권 51

세계 최초의 인공위성 52

국제우주정거장 55
- TIP 요건 몰랐지? 우주정거장의 역사 60

세계의 우주기지 61
- TIP 요건 몰랐지? 미국항공우주국 69
- Q&A 꼭 알고 넘어가자! 70

4. 신 나는 우주 탐험

달나라로 떠나요 74
- TIP 요건 몰랐지? 챌린저호와 컬럼비아호의 비극 83

화성 탐사를 떠나요 84
- TIP 요건 몰랐지? 태양계 곳곳을 탐사하고 있어요 94

우주 관광을 떠나요 95
- Q&A 꼭 알고 넘어가자! 100

5. 우리나라의 우주 시대

우리나라 최초의 과학 인공위성, 우리별 1호 104
우리나라 최초의 방송 통신 위성, 무궁화 1호 106
우리나라 최초의 실용 위성, 아리랑 1호 108
우리나라 최초의 정지 궤도 위성, 천리안 110
우리나라 최초의 우주기지, 나로우주센터 112
- Q&A 꼭 알고 넘어가자! 114

관련 교과
초등 5학년 1학기 1. 지구와 달
중학교 1학년 7. 힘과 운동
중학교 2학년 8. 별과 우주

1. 지구와는 다른 우주

사람들은 오랜 세월 동안 밤하늘의 별들을 보면서 별은 무엇으로 되어 있을까, 어떻게 생겨날까, 저 중에 사람이 살고 있는 별도 있을까 궁금해했어요. 여러분은 궁금하지 않으신가요? 우주는 어떤 곳일까요? 별들에 실제로 가 보면 어떨까요? 우리 한번 우주여행을 떠나 볼까요?

별들은 어떤 모습일까요?

항성

스스로 빛을 내는 고온의 별을 말해요. 항성은 핵융합 반응을 통해서 빛을 냅니다. 지구의 모든 생물체에 에너지를 공급하는 태양도 항성이에요. 태양 외의 항성으로는 북극성, 북두칠성, 삼태성, 견우성, 직녀성 등이 있어요..

밤하늘을 보면 반짝이는 별들이 보여요. 사실 작게 반짝이는 별들은 태양이나 지구 같은 항성이나 행성이랍니다.

사람들은 관측을 통해 밤하늘의 많은 별들이 지구를 비춰 주는 태양과 같다는 것을 알아냈어요. 지구가 태양 주위를 돌고, 달이 지구 주위를 돌고 있다는 것도요.

밤하늘의 수많은 별들.

또 지구처럼 태양 주위를 도는 수성이나 화성, 목성 같은 행성들이 있다는 것도 알게 되었어요.

이와 마찬가지로 밤하늘의 별들에도 그 주위를 도는 행성들이, 또 그 행성 주위를 도는 달 같은 위성들이 있을 거예요. 또 우주는 넓고도 넓으니, 어딘가에는 지구처럼 생명체가 살고 있는 별도 있겠지요.

그런 우주로 직접 가 보는 것은 인류의 꿈이었습니다. 20세기에 로켓 엔진이 개발되면서 사람들은 비로소 우주로 가 볼 수 있게 되었어요.

사람들은 달에도 가 보았고, 화성과 목성도 탐사할 수 있게 되었어요. 1969년에 미국의 닐 암스트롱은 인류 사상 최초로 달에 착륙했지요.

언젠가는 인류가 태양계를 다 탐험하고 태양계를 넘어 더 먼 우주를 여행할 날이 올 거예요.

행성

항성 주위를 도는 천체예요. 스스로 빛을 내지 못하고 항성의 빛을 받아 반사하지요. 행성은 항성 사이를 이동하기 때문에 항성과 달리 위치가 계속 변하는 모습을 확인할 수 있어요. 태양계에는 수성, 금성, 지구, 화성, 목성, 토성, 천왕성, 해왕성의 여덟 개 행성이 있어요.

시험중인 RS-68 로켓 엔진.

# 우주에는 중력이 없어요

중력

일정한 질량을 가진 물체는 다른 물체를 잡아당기는 힘을 가지고 있어요. 이를 '만유인력'이라고 해요. 그중에서 특히 천체가 지구 위의 물체를 잡아당기는 힘을 중력이라고 해요.

우주에는 숨 쉴 수 있는 공기가 없어요. 지구를 산소가 있는 공기층이 감싸고 있는 것은 지구의 모든 생물들에게 큰 축복이에요. 그래서 우주에 가려면 숨 쉬는 데 필요한 공기를 가지고 가야 해요.

그리고 우주에는 중력이 없어요.

그런데 중력이란 무엇일까요?

미끄럼틀을 타면 아래로 내려가게 되지요. 발을

굴러 깡충 뛰어오르면 아래로 떨어지게 되고요. 손에서 물건을 놓치면 그 물건은 땅으로 떨어져요. 왜 그럴까요?

모든 물체에는 서로 잡아당기는 힘이 있어요. 질량이 큰 물체일수록 지구는 더 큰 힘으로 잡아당기지요. 지구는 질량이 매우 큰 물체이기 때문에 잡아당기는 힘도 아주 큽니다. 그래서 아무리 힘껏 뛰어올라도 땅으로 떨어지게 되는 거예요.

아래로 떨어지는 모든 물체에는 중력이 작용한다.

지구는 이렇게 지구상의 모든 것들을 끌어당겨 붙잡아 주지요. 지구에서 살아가는 사람들도, 동물들도, 식물들도, 그리고 공기까지도요. 이러한 지구의 힘을 '중력'이라고 해요.

그럼 우주에서는 어떨까요?

우주 공간에서는 중력을 느낄 수 없어요. '무중력' 상태가 되는 것이지요. 그렇다고 해서 중력이 전혀 작용하지 않는다는 것은 아니에요. 우주에 존재하는 모든 물체들, 예를 들어 항성·행성·위성·혜성

우리가 지구에 서 있을 수 있는 것도 중력 덕분이지!

무중력 상태

중력이 느낄 수 없을 정도로 매우 작아진 상태, 즉 물체의 무게를 거의 느낄 수 없는 상태를 말해요.

등을 통틀어 천체라고 하는데, 우주에는 지구보다 더 무거운 천체들도 많거든요. 하지만 우주 공간은 너무나 크고 넓어서 이런 천체들의 중력이 거의 영향을 미치지 않아요. 그래서 없는 것과 마찬가지인 셈이 되는 것이지요. 그렇다면 무중력 상태에서는 어떠한 현상들이 일어날까요?

중력이 없다면 우리는 둥둥 떠다니면서 제대로 걸을 수도 없을 거예요. 둥둥 떠다니면서 하는 생활, 생각만 해도 재미있을 것 같지요? 하지만 불편한 점도 굉장히 많답니다. 몸이 둥둥 떠 있으면 중심을 제대로 잡을 수 없고, 그러면 책을 읽거나 밥을 먹는 것과 같은 일상적인 일도 하기가 쉽지 않을 거예요.

무중력 상태에서는 물을 마시는 것도 쉽지 않아요. 컵을 거꾸로 기울여도 입안으로 물이 쏟아지지 않고 둥둥 떠다닐 테니까요. 그렇기 때문에 우주에서는 빨대가 필수품이라고 합니다.

　물을 마시고 몇 시간이 지나면 사람은 화장실을 찾게 되지요. 그렇다면 우주 공간에서는 소변을 어떻게 처리할까요? 무중력 상태에서 소변을 본다면 아마 소변이 공중에 둥둥 떠다니게 될 거예요. 그래서 그러한 일을 막기 위해 우주선의 화장실에는 소변이나 대변을 빨아들이는 장치가 있어요. 지구에서는 아무것도 아닌 사소한 일들이 우주 공간에서는 번거롭고 어려운 일이 된답니다. 그것은 바로 우주 공간이 무중력 상태이기 때문이지요.

　그렇다고 우주 공간에 단점만 있는 것은 아니에요. 무중력 상태에서 잠을 자면 지구에서보다 훨씬 편안하게 잘 수가 있어요. 지구에서는 침대의 압력과 가슴을 누르는 공기와 이불의 압력을 느끼면서 잠을 자야 하지만,

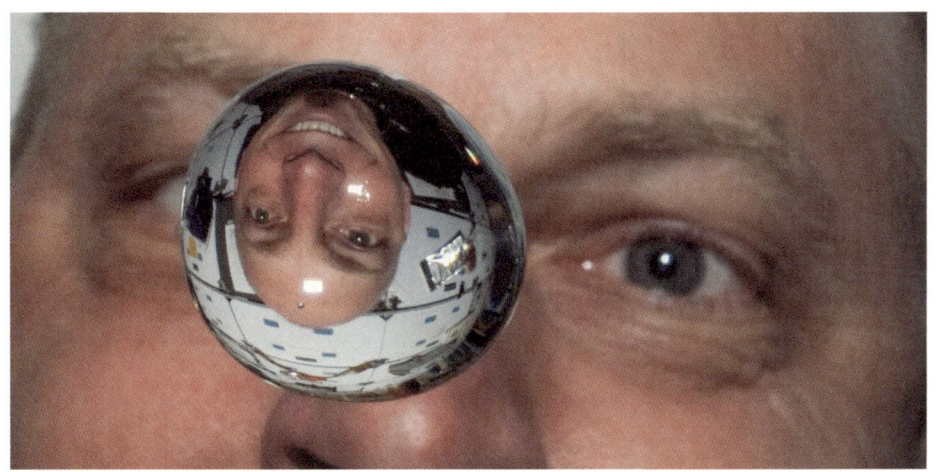

무중력 상태에서 둥둥 떠다니는 물.

우주에서는 등이나 가슴에 가해지는 압력이 없기 때문에 가벼운 상태로 잠들 수 있거든요. 단, 잠을 잘 때도 몸이 움직일 수 있으니까 벨트로 몸을 고정해야 해요. 그것만 참을 수 있다면 지구에서보다 훨씬 더 깊고 편안한 잠을 잘 수 있답니다. 이렇게 우주 공간에서 무중력 상태를 경험하는 것은 참 재미있고 신기한 일이랍니다.

지구에서도 무중력 상태를 느낄 수 있어요

우주까지 가지 않더라도, 꼭 우주인이 아니더라도 우리는 생활 속에서 중력이 약해지는 상태를 경험할 수 있어요. 생활 속에서 느낄 수 있는 무중력 상태에 대해 알아볼까요? 이때 무중력이란 중력이 거의 없는 상태, 즉 물건의 무게를 거의 느낄 수 없는 상태를 말해요.

가장 쉽게 무중력 상태를 경험할 수 있는 경우는 엘리베이터를 탈 때예요. 갑자기 엘리베이터가 내려가면 몸이 떠오를 것만 같은 느낌이 들 때가 있어요.

엘리베이터가 내려간다는 것은 엘리베이터라는 공간에서 우리 몸에 가해지는 중력을 받치고 있는 바닥이 내려간다는 것을 의미해요. 높은 곳에서 우리 몸을 받치고 있는 바닥이 없어진다면 어떻게 될까요? 상상만 해도 아찔하지만, 몸이 아래로 떨어지겠지요? 마찬가지랍니다. 엘리베이터가 내려가면

번지 점프를 할 때도 무중력 상태를 경험할 수 있다.

우리 몸은 아래로 떨어지게 된답니다. 그런데 엘리베이터 바닥과 우리 몸이 함께 아래로 떨어지기 때문에 엘리베이터 바닥이 우리 몸을 여전히 받치고는 있지만, 중력을 받은 우리 몸은 바닥을 누르려고 해도 누를 수 없는 상태가 됩니다.

놀이동산에서 롤러코스터나 바이킹같이 높은 곳에서 아래로 떨어지는 놀이 기구를 탈 때도 비슷한 경험을 할 수 있어요. 번지 점프를 할 때도 무중력 상태를 느낄 수 있어요. 번지 점프를 하면 우리 몸은 무게를 느끼지 않게 되는데, 이는 무중력 효과 때문이에요. 실제로 무중력 상태는 아니지만 우리 몸이 중력을 느끼지 못하게 되는 것이지요.

무중력 상태를 눈으로 확인해요

　엘리베이터 안에서 무중력을 느낄 수 있다고 앞에서 이야기했지요? 정말 그런지 눈으로 확인해 볼까요?

　엘리베이터 안에 체중계를 놓고 그 위에 올라서 보세요. 엘리베이터가 정지해 있을 때 자신의 원래 몸무게를 확인할 수 있어요. 엘리베이터가 움직이면 어떤 일이 벌어질까요? 엘리베이터가 위로 움직이면 체중계가 가리키는 무게는 더 커지고, 아래로 움직이면 무중력의 영향으로 체중계가 가리키는 무게가 작아지는 것을 확인할 수 있을 거예요. 여러분이 직접 실험해서 확인해 보는 것도 좋아요.

문제 1 반짝이는 밤하늘의 작은 별들은 실제로 어떤 모습일까요?

문제 2 우주와 지구는 어떻게 다를까요?

3. 우주에는 중력이 존재하지 않는 아니에요. 우주도 지구 중력이 작용하기 때문에 달이나 태양이 있을 수 있는 거지요. 하지만 우주에 떠있는 물체가 너무 멀어서 지구 중력의 영향을 받지 않고 우주 내에서 중력을 받고 있지만, 지구 안에서와는 달리 몸이 둥둥 떠다니는 것이 있어요. 우리가 태양계를 볼 때, 수많은 태양계 속 별이 떠있는 모습으로 보이는 것이 그 이유입니다. 지구 밖 우주의 환경은 무중력 상태인 것입니다.

문제 3 무중력 상태란 어떤 상태일까요? 또 지구에서는 언제 무중력 상태를 경험할 수 있을까요?

정답

1. 우리 몸에 작용하는 지구의 만유인력이 0이거나, 상쇄되어 몸에 작용하는 힘의 합력이 없는 상태를 말해요. 지구에서 아주 멀리 떨어져서 지구의 만유인력이 거의 작용하지 않는 곳으로 가거나, 지구가 우리를 끌어 당기는 힘과 평형을 이룰만한 다른 힘이 있는 곳이라면 그 두 힘의 합력은 0이 되어 무중력 상태가 될 수 있답니다.

2. 우주에도 중력이 있어요. 그래서 인공 우주정거장은 타원 궤도를 따라 지구를 공전하고 있어요. 이 때 원운동을 하기 위한 구심력은 지구의 인력과 평형을 이뤄 합력이 0이 돼요. 또 중력이 없어요. 중력이란 지구상의 물체에 작용하는 지구 인력과 자전에 의한 원심력의 합력이므로 중력이 없어요. 우리가 지표면 위에 있을 때 몸무게를 느낄 수 있는 것은 중력이 있고 그 중력에 대해 지면이 수직항력으로 우리 몸을 밀어올리기 때문이에요.

관련 교과
초등 5학년 1학기 1. 지구와 달
중학교 3학년 5. 물질 변화에서의 규칙성

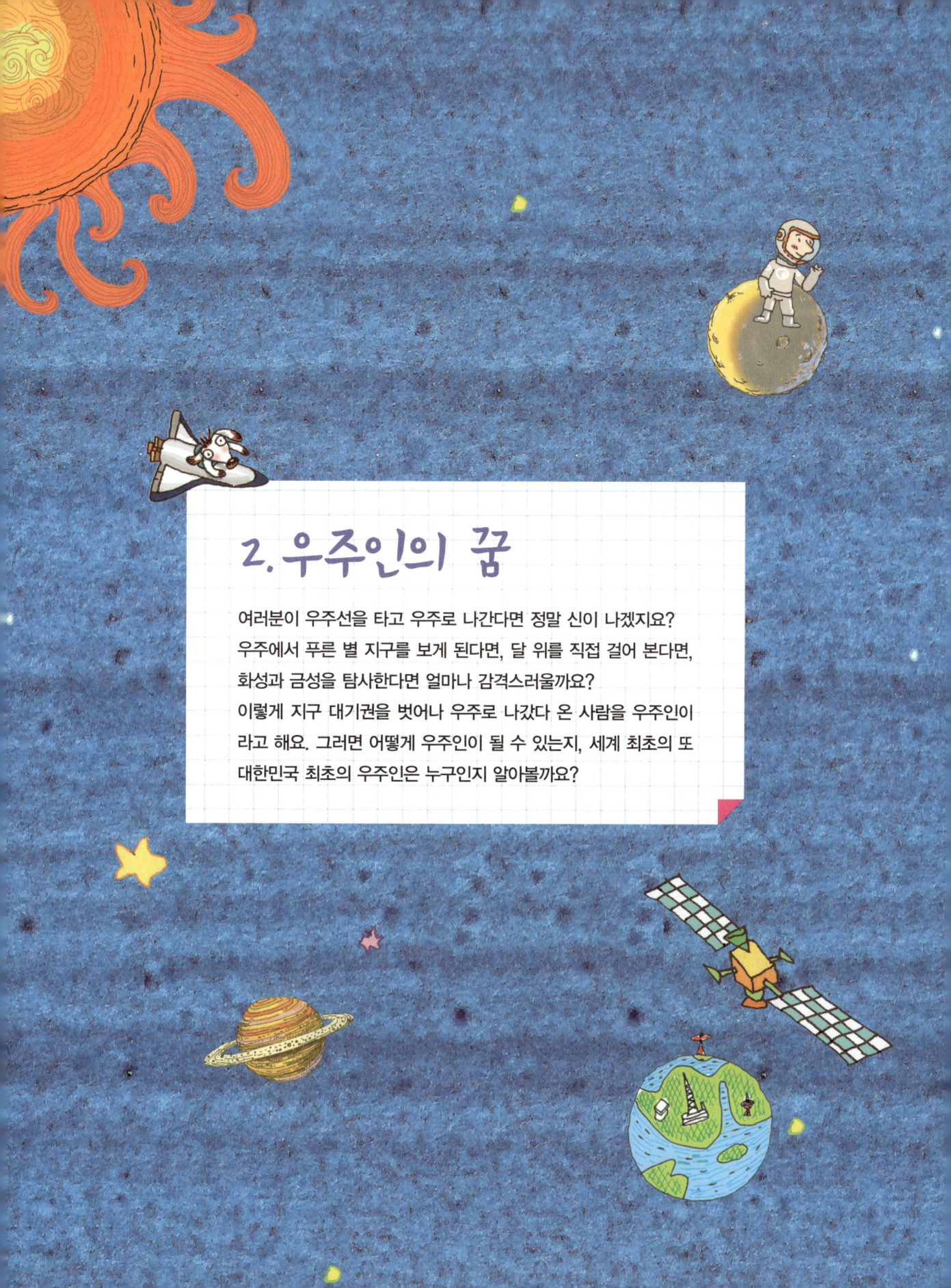

2. 우주인의 꿈

여러분이 우주선을 타고 우주로 나간다면 정말 신이 나겠지요? 우주에서 푸른 별 지구를 보게 된다면, 달 위를 직접 걸어 본다면, 화성과 금성을 탐사한다면 얼마나 감격스러울까요?
이렇게 지구 대기권을 벗어나 우주로 나갔다 온 사람을 우주인이라고 해요. 그러면 어떻게 우주인이 될 수 있는지, 세계 최초의 또 대한민국 최초의 우주인은 누구인지 알아볼까요?

우주인의 조건

 어떻게 해야 우주인이 될 수 있을까요? 우주선을 타는 것은 매우 힘든 일이에요. 우주선을 타려면 엄청난 속도로 발사되는 우주선의 가속도를 견딜 수 있어야 하고 무중력 상태에서도 잘 생활할 수 있어야 하지요. 그래서 우주인이 되기 위한 가장 기본적인 조건은 바로 건강한 신체와 강인한 정신력이랍니다.

물속에서 중립 부력 훈련 중인 우주인.

그리고 우주 환경 적응 검사, 폐쇄 공간 적응 훈련, 훈련용 항공기 탑승 평가 등 다양하고 과학적인 여러 단계의 시험과 검사를 통과해야만 우주인으로 선발될 수 있어요.

우주인이 되기 위한 조건들이 이처럼 까다롭고 다양하기 때문에 검사와 평가를 받는 것만 해도 10개월 가까이 걸려요. 그리고 우주인이 되기 위한 현지 훈련은 1년도 넘게 걸린다고 해요.

무중력 상태에서 협동 훈련 중인 우주인.

 요건 몰랐지?

우주인의 신체검사

키 150~190cm(앉은키 90~99cm)

교정시력 1.0 이상

몸무게 50~95kg

발 크기 29.5cm 이하

우주인이 되기 위해서는 위와 같은 신체 조건을 갖추어야 해요. 그리고 다음과 같은 조건도 갖추어야 한답니다.

- 우주 비행에 지장을 줄 수 있는 질병을 겪은 적이 없어야 한다.
- 3.5km 단축 마라톤을 20분 안에 완주할 수 있어야 한다.
- 10m 거리의 왕복달리기 2회를 남자는 11초, 여자는 13초 안에 통과할 수 있어야 한다.
- 윗몸일으키기와 팔굽혀펴기를 2분 안에 40회 할 수 있어야 우주인 선발 과정에서 좋은 점수를 얻을 수 있다.

우주인이 된다는 것, 쉽지만은 않은 일이랍니다.

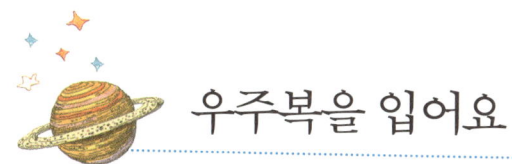
우주복을 입어요

우주 비행 중에 비행사가 우주선 밖으로 나와서 우주 공간을 이동하는 일을 우주 유영이라고 해요. 우주 유영은 주로 실험·탐사·채취 등을 목적으로 많이 이루어집니다. 그런데 우주 비행사가 우주 유영을 할 때는 반드시 우주복을 입어요. 우주복은 어떤 역할을 할까요?

우주에서는 태양빛이 닿는 곳의 온도가 120℃까지 올라가고, 닿지 않는 곳의 온도는 영하 120℃까지 내려가요. 이러한 극심한 온도 변화로부터 우

우주 공간에서 유영 중인 우주인.

우주먼지

우주에도 먼지가 있다는 말 들어 본 적이 있나요? 우주 먼지란 우주 공간에 흩어져 존재하는 작은 고체 입자를 통틀어 이르는 말이에요. '티끌 진(塵)' 자를 써서 우주진이라고 부르기도 한답니다.

주 공간에서 활동하는 우주인을 보호해 주는 것이 바로 우주복이에요. 우주복에는 내부의 압력과 온도를 일정하게 유지시켜 주고 우주인의 건강 상태를 자동적으로 점검하는 기능이 있어요.

또 우주복은 급격한 기압의 변화나 혹시 모르는 충돌이나 사고를 대비해 튼튼하게 만들어져요. 우주복은 우주 먼지, 각종 전자파, 방사능 등이 들어오지 못하도록 방어벽 역할도 하고, 외부와 통신을 할 수 있는 기능도 가지고 있어요. 또, 옷을 입은 채로 식사를 하거나 배설도 할 수 있게 만들어진답니다.

우주복은 여러 가지 서로 다른 기능을 지닌 직물을 여러 겹으로 겹쳐서 만들어요. 그래서 우주복을 입는 것은 보통 옷을 입는 것과는 달라요.

우주복을 입을 때는 먼저 속옷을 입고, 그 위에 냉각 장치가 되어 있는 옷을 입어요. 우주 비행사가 우주복을 입고도 체온을 유지할 수 있으려면 냉각 장치가 필요해요. 다시 그 위에 윗옷과 바지를 입고, 그다음에 신발을 신고, 헬멧을 쓴 뒤 필요한 연장과 장비를 우주복에 부착해요. 이렇게 완전히 우주복을 갖춰 입는 데는 45분이나 걸린다고 해요. 이렇게 모두 차려 입고 나면 우주복의 무게는 48kg 정도가 나갑니다. 굉장히 무거운 옷이지요?

지금 쓰이는 우주복은 입는 것도 복잡하고 무거워서 활동이 불편하지만 머지않아 안전하면서도 훨씬 가벼운 우주복이 개발될 거예요. 그러면 우주인들뿐만 아니라 우주여행을 하는 일반인들도 쉽게 사용할 수 있을 거예요.

우주 식품을 먹어요

우주 식품.

우주에서는 무엇을 먹을까요? 우리가 늘 먹는 밥이나 국, 라면, 빵을 우주에서도 먹을 수 있을까요?

우주 공간은 무중력 상태이기 때문에 우주에서는 지구에서 먹는 음식을 그대로 먹을 수 없어요. 밥알은 다 흩어지고 라면 국물은 방울방울 날아가 공중에서 둥둥 떠다닐 거예요. 그리고 우주인이 무중력 상태의 우주 공간에서 잘 활동하려면 이러한 환경에 맞는 영양을 충분히 섭취해야 해요. 그래서 우주에서 먹을 수 있도록 개발된 것이 바로 우주 식품이에요. 우주선에는 공간도 부족하고, 무게도 한정되어 있어서 냉장고나 오븐을 실을 수 없어요. 그래서 우주에서는 식량을 오래 보관하기도, 음식을 제대로 조리하기도 어렵답니다.

처음 우주 식품은 한입 크기의 작은 음식물들과, 얼리고 말린 가루, 그리고 튜브 안에 채워진 반액체들로 만들어졌어요. 그래서 우주인들은 무척 곤혹스러워했답니다. 이 음식들은 맛이 없었을 뿐만 아니라, 얼려져 있어서

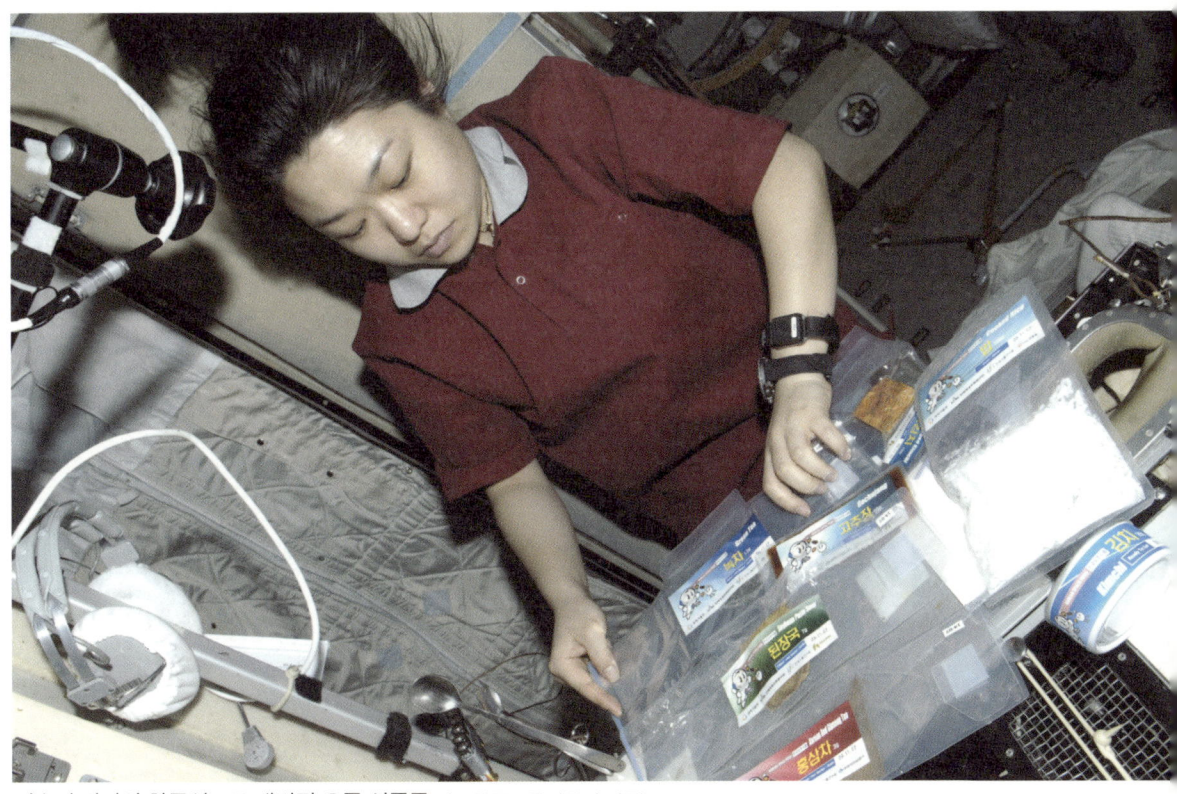

이소연 박사와 한국식으로 개발된 우주 식품들(한국항공우주연구원 제공).

우주에서 다시 녹여 먹기가 힘들었지요.

하지만 우주 식품은 계속해서 발전해 왔습니다. 음식물들이 산산이 부서지지 않게 겉을 젤라틴으로 둘러싸 쉽게 먹을 수 있게 했고, 채소나 푸딩, 주스도 먹을 수 있게 되었어요. 이제는 얼린 우주 식품을 태양열로 끓인 뜨거운 물로 녹일 수 있게 되어서 음식의 맛도 좋아졌어요. 음식의 종류 또한 다양해져서 우주인들이 직접 메뉴를 고를 수도 있답니다.

그래도 우주선 안에서 식사를 할 때는 천천히 조심스럽게 먹어야 한답니다. 급하게 서두르다가 음식 부스러기가 입에서 떨어져 나오면 공중에 떠다

젤라틴

동물의 가죽, 힘줄, 연골 등을 뜨거운 물로 처리하여 얻는 단백질의 일종이에요. 뜨거운 물에 잘 녹고 식히면 말랑말랑한 젤리처럼 반고체 상태가 된답니다.

니게 되니까요.

　한국원자력연구원 정읍방사선과학연구소는 러시아가 진행하는 화성 탐사 모의실험 프로젝트 'MARS-500'에 김치, 수정과, 한우 불고기, 전주비빔밥, 미역국, 부안 참뽕 음료 등 한국 식품 6종을 공급하기로 러시아연방국립과학센터 산하 생의학연구소(IBMP)와 계약을 체결했습니다. 예전에는 냄새가 많이 나고, 수분이 많이 포함된 한국 음식을 우주 식품으로 만든다는 것은 생각할 수도 없었어요. 하지만 오랜 연구와 개발 끝에 우리 음식도 우주로 나갈 수 있게 되었지요.

인류 최초의 우주 비행사

세계 최초의 우주인은 바로 유리 가가린이에요. 가가린은 우주 비행사로 1961년 4월 12일 보스토크 1호를 타고 인류 최초로 지구 궤도를 도는 우주 비행을 했어요.

보스토크 1호는 소련(소비에트 사회주의 공화국 연방, 지금은 해체되어 러시아와 그 외 여러 독립국가들로 분리됨)에서 만들어 발사한 인공위성이에요. 단 한 명만 탑승할 수 있었지만, 세계 최초로 사람이 탑승할 수 있게 만든 인공위성이었답니다.

그 당시 우주 비행 방식은 지금처럼 비행사가 우주선을 직접 조종하는 방식이 아니었어요. 지상에서 우주선을 원격 조종하는 방식이었답니다. 유리 가가린도 보스토크 1호를 직접 조종한 것이 아니라 보스토크 1호에 탄 채 지구 궤도로 쏘아

유리 가가린
Yurii A. Gagarin, 1934~1968

소련의 우주 비행사로 인류 최초로 우주를 비행했어요. 1961년 4월 12일, 보스토크 1호를 타고 1시간 29분 동안 지구 상공을 한 바퀴 돌았는데, "지구는 푸른빛이었다."라는 유명한 말을 남겼답니다.

인류 최초의 우주 비행사 유리 가가린(가운데).

우주에서 지구를 보면 아름다운 푸른빛을 띠고 있다.

올려졌던 것이지요.

그는 인류 최초로 대기권 밖에서 지구를 감상하며 그 아름다움에 매우 감탄했어요.

"하늘은 매우 검고, 지구는 푸른빛을 띠고 있다. 모든 것이 매우 선명하게 보인다."

가가린은 그렇게 108분 동안 지구를 정확히 한 바퀴 비행했고, 천천히 대기권으로 진입하여 약 6km 상공에서 낙하산으로 귀환을 시도했어요. 목숨을 건 아주 위험한 도전이었지요. 그는 오직 자신의 정신력과 러시아의 우주 기술만을 믿고 이 과제에 도전했어요. 그의 믿음은 그와 그를 지켜본 온 세계 사람들의 기대를 저버리지 않았고, 가가린은 무사히 지구로 돌아올 수 있었어요.

인류 최초로 우주 비행을 성공적으로 마친 가가린은 지구로 돌아온 이후 전 세계 여러 나라로부터 각종 훈장과 메달을 받게 되었어요. 동시에 영웅이라는 칭호와 함께 신화적인 존재가 되기도 했지요. 하지만 그는 불행하게도 1968년 3월 27일, 비행 훈련 도중 추락 사고로 죽고 말았어요. 당시 그는 35세라는 젊은 나이였기에 주위를 더욱 안타깝게 만들었답니다.

세계 최초의 여성 우주 비행사도 보스토크호를 타고 비행했답니다. 발렌티나 테레시코바는 소련의 우주 비행사로 1963년 여성으로서는 처음으로 보스토크 6호를 타고 보스토크 5호를 탄 발레리 비콥스키와 함께 지구를 48바퀴나 돌고 지구로 돌아왔어요.

발렌티나 테레시코바
Valentina Tereshkova, 1937~

세계 최초의 여성 우주 비행사예요. 테리시코바는 원래 평범한 노동자였는데, 취미가 낙하산 타기였다고 해요. 그런데 당시에는 낙하산을 타는 능력이 우주 비행사의 필수 조건이었요. 테레시코바가 우주 비행사가 되는 데 그녀의 취미가 도움이 되었을 거예요.

1963년 테레시코바의 우주 비행 성공을 기념하여 소련에서 발행한 우표.

우리나라 최초의 우주인

 그러면 우리나라 최초의 우주인은 누구일까요?

 2008년 4월 8일, 온 국민의 눈이 러시아 우주기지의 소유스 우주선에 집중되었어요.

 10, 9, 8, 7, 6, 5, 4, 3, 2, 1, 발사!

 드디어 한국 최초의 우주인이 탄생하는 순간이었어요. 그 영광의 주인공은

우주로 떠나는 이소연 박사, 흥분되고 긴장된 미소가 엿보인다 (한국항공우주연구원 제공).

바로 이소연 박사였어요.

이소연 박사는 2006년 12월 25일, 대한민국을 대표하는 최초의 우주인으로 선발되었어요. 무려 36,000 대 1이라는 어마어마한 경쟁률을 뚫고 당당하게 선발된 것이지요.

이소연 박사는 한국과학기술원 대학원에서 바이오 및 뇌과학 박사 과정을 졸업하셨어요. 165cm에 체중 58kg으로 태권도 공인 3단의 자격을 가지고 있고 팔굽혀펴기 시험에서 여성 최고 기록(36개)을 세울 정도로 운동을 아주 좋아하신대요. 그래서인지 우주인 선발 당시 "단점을 발견하기 어려울 정도로 우주인 평가에서 고른 점수를 받았다."라는 평가를 받았다고 해요.

2008년 4월 8일 오후 8시 16분 39초에 이소연 박사는 카자흐스탄 바이코누르 우주기지에서 러시아의 세르게이 볼코프와 올레그 코노넨코와 함께 소유스 TMA-12호를 타고 출발하여 4월 10일 오후 9시 57분에 국제우주정거장과의 도킹에 성공했답니다.

이소연 박사는 대한민국 최초의 우주 비행 참가자로서 국제우주정거장에서 11일간 머물렀습니다. 전 세계적으로는 475번째, 여성으로서는 49번째 우주인이며, 역대 세 번째로 나이가 적은 여성 우주인이었지요. 대한민국은 이로써 세계에서 36번째로 우주인 보유국이 되었습니다.

도킹이란 무엇일까요?

도킹(docking)이란 우주선이 우주 공간에서 다른 비행체에 접근하여 결합하는 일을 말합니다. 도킹은 우주정거장을 조립하기 위해서도 이루어지고, 달의 탐사 작업 같은 일을 할 때 장비나 물자를 보급하기 위해서도 이루어집니다. 또 두 우주선에서 승무원이 옮겨 타기 위해서도 이루어지지요. 도킹이 성공적으로 이루어지기 위해서는 두 우주 비행체가 가까이 접근하여 서로의 속도를 맞춰야 합니다. 또 서로의 도킹 장치가 결합될 수 있도록 두 비행체의 위치와 방향을 잘 맞춰야 한답니다.

1966년 3월 16일 미국의 제미니 8호와 무인위성 아제나호 간에 세계 최초의 도킹이 이루어졌다. 도킹 직전의 제미니 8호에서 본 아제나호의 모습.

 TIP 요건 몰랐지?

이소연 박사가 탄 소유스호

소유스호는 우주정거장에 우주 비행사를 실어 보내거나 지구로 돌아오게 하는 임무를 담당하는 러시아의 우주선이랍니다.

처음 1호가 발사된 이후 지금까지 수십 차례에 걸쳐 꾸준히 우주 개발에 참여하고 있지요. 살류트(Salyut)와 미르(Mir) 같은 우주정거장이 설치되기 이전에는 326일 동안 우주 공간에 체류하면서 우주정거장의 역할을 한 기록도 있답니다.

현재는 지구와 국제우주정거장(ISS)의 유일한 연결 수단으로서, 국제우주정거장에 우주 비행사를 실어 나르는 역할을 하고 있어요.

이소연 박사가 탑승한 소유스호가 발사되고 있다(한국항공우주연구원 제공).

이소연 박사의 우주 실험실

힘든 과정을 거쳐 드디어 우주로 떠날 수 있었던 이소연 박사님!

박사는 우주에서 어떤 일들을 했을까요? 그곳에는 박사의 작은 실험실이 있었어요. 그곳에서 열여덟 가지 실험을 했지요. 그 실험들 중에서 특히 관심을 끈 실험은 '초파리 실험'과 '제올라이트 실험'이었어요.

초파리는 사람과 유전자가 75% 정도 같아요. 초파리를 이용한 실험은 사람이 우주에 장기간 체류했을 때 생길 수 있는 문제와 그 원인을 분석할 수 있게 해 준답니다. 수명이 60일 정도밖에 되지 않는 초파리가 10일을 우주에서 보냈다면, 사람으로 따졌을 때 10년 넘게 우주에

▲ 초파리. ⓒKevin Bowman(Mo Kaiwen莫楷文@flickr.com)
▼ 제올라이트. ⓒcobalt123@flickr.com

서 산 셈이지요. 그렇다면 지구로 돌아왔을 때, 초파리의 유전자에 생기는 변화는 곧 우주에서 10년을 살다 온 사람의 유전자 변화와 비슷해지는 거예요. 이 실험을 통해 우주 공간에서는 초파리의 행동이 더 빨라지고, 몸 안의 여러 가지 효소 작용이 감소한다는 것을 알게 되었어요. 이 결과는 장기간의 우주 체류에 대비한 무중력 프로그램 및 무중력 적응을 위한 약 개발, 노화 방지 대책 마련 등에 활용이 가능하다고 해요.

다음으로 눈길을 끈 실험은 제올라이트(zeolite)실험이에요.

제올라이트란 나트륨과 알루미늄이 함유된 광물이에요. 제올라이트는 무색 또는 흰색을 띠고 유리처럼 광택이 나는데, 촉매제로 여러 산업에 쓰

촉매제

화학 반응이 일어날 때, 반응이 일어나는 속도를 빠르게 해 주거나 늦춰 주는 물질을 말해요. 하지만 다른 물질의 반응 속도를 변하게 할 뿐, 스스로는 변하지 않는답니다.

인답니다. 새집증후군제거제, 냄새악취제거제, 초장력 습기제거제 등에 사용되지요.

제올라이트는 중력이 없는 우주 공간에서 크기와 모양, 두께가 균일한 완벽한 결정으로 성장해요. 완벽한 결정이란 일정한 평면으로 둘러싸인 물체 내부의 원자 배열이 규칙적으로 이루어진 고체를 말해요. 우주 공간의 제올라이트를 이용하면 이 결정을 이용하는 분야에서 더 완벽한 질을 갖춘 제품을 개발할 수 있을 거예요.

이 밖에도 이소연 박사는 우주 실험실에서 식물 생장 실험, 소형 생물 배양기 실험, 얼굴 변화 실험, 금속 유기 결정 성장, 극한 대기 현상 관측, 안압 측정, 우주 식품, 우주 저울, 차세대 메모리 소자 실험, 우주 볼펜, 뉴턴

금속 유기 실험 중인 이소연 박사 (한국항공우주연구원 제공).

의 법칙, 표면 장력, 국제우주정거장 내 소음 측정, 물의 현상, 기상 관측 등의 실험을 성공적으로 마치고 돌아왔습니다.

　이소연 박사가 우주에서 성공한 실험은 우주에 가기 전에 선정해서 준비한 실험이에요. 실험의 종류는 크게 두 가지로 나눌 수 있어요. 하나는 여러 분야의 과학자들이 요청한 실험이고, 다른 하나는 과학 교육 자료로 쓰기 위한 실험이에요. 열여덟 가지 실험 중에 열세 가지 실험이 전문 과학 실험이었고, 다섯 가지가 교육 과학 실험이었습니다. 식물 생장, 우주 볼펜, 뉴턴의 법칙, 표면 장력, 물의 현상 실험이 과학 교육에 활용하기 위해 실행한 실험이지요.

　이소연 박사의 우주 실험 덕분에 우리는 과학 공부를 할 때 더 이해하기 쉽게 배울 수 있을 거예요. 또 앞으로 우리나라 우주 과학 분야가 발전하는 데에도 이 실험들이 큰 도움이 될 거예요.

 **Q&A** 꼭 알고 넘어가자!

문제 1 어떻게 해야 우주인이 될 수 있을까요?

_____
_____
_____
_____

문제 2 우주 비행사들은 우주복을 입어요. 우주복은 왜 입을까요? 또 어떤 기능을 가지고 있을까요?

_____
_____
_____

3. 세계 최초의 우주 비행사는 옛 소련 가가린이고, 여성 우주 비행사는 테레시코바예요. 가가린은 우주선 보스토크 1호를 타고 우주를 비행했어요.
4. 제동장치는 나로호의 원통모양이 원통이 막대 모양이든 생명에이요. 물체 낙하의 속도를 빠르게 하거나 속도를 줄여서, 여러 가지 임무 수행합니다.

문제 3 세계 최초의 우주 비행사와 여성 우주 비행사는 누구인가요?

문제 4 이소연 박사가 우주에서 한 실험 중에 제올라이트 실험이 있어요. 제올라이트는 어떤 광물인가요?

정답

1. 우주선을 타고 가는 매우 빠른 속이에요. 우주선이 움직이니까 속도를 빼면 갈 수 있어요. 우주일 위한 에서야 잘 생활할 수 있어야 해요. 그래서 우주인이 되려면 신경회 강한 체력이 필수입니다. 승무원이 최성의 우주인 이소연 씨는 태권도 3단이고, 평소에 운동을 열심히 합니다.

2. 우주정에서 생활하는 우주인들은 태양열이 들지 않는 곳에 있으면 -120℃이고, 그렇지 않은 곳에 있으면 120℃까지도 내려가요. 우주복에는 이러한 극단적 온도에서부터 우주인을 보호하고, 매우 공중에서 일할 수 있도록 공기와 산소가 저장되어 있어요.

관련 교과
중학교 2학년 6. 태양계
중학교 3학년 2. 일과 에너지

3. 로켓을 타고 우주정거장으로

사람들은 어떻게 우주로 나갈 수 있게 되었을까요? 사람들이 우주여행을 할 수 있게 된 것은 바로 로켓의 발명 덕분이에요. 로켓이 발명되고 우주 개발이 시작되면서 지금은 인공위성, 우주정거장, 우주기지까지 우리의 우주 탐험을 도와주는 많은 것들이 만들어지고 세워졌답니다. 그러면 우주여행을 도와주는 로켓과 우주기지에 대해 알아볼까요?

우주선의 발사를 돕는 로켓

우주선을 로켓이라고 이야기하는 사람들도 많아요. 하지만 로켓이 바로 우주선인 것은 아니에요. 우주선은 사람이 만들어서 우주 공간으로 발사시키는 물체를 말하고, 로켓은 그 우주선에 붙어서 우주선을 위로 쏘아 올려 주는 물체를 말해요. 로켓은 고온, 고압의 연소 가스를 내뿜어 그 반동력으로 우주선이 앞으로 나아갈 수 있게 도와주는 역할을 하지요.

로켓이 우주선을 매달고 솟구쳐 오르고 있다.

우주선이 발사될 때는 엄청난 불기둥이 솟구치고, 땅이 흔들릴 정도의 큰 폭발음이 울려요. 바로 그 불기둥이 뿜어져 나오는 부분이 로켓 부분이에요. 이 로켓 부분에서 고온, 고압의 연소 가스가 순간적으로 뿜어져 나오면 우주선은 그 힘에 밀려서 위로 발사되는 것이랍니다.

압력이 높은 기체를 가득 넣고 그 기체를 한 방향으로 내뿜으면 큰 힘이 생겨요. 풍선에 바람

을 가득 불어 넣고 묶지 않은 채로 손을 떼면 풍선이 바람을 내뿜으며 날아가는데, 그것과 같은 원리예요. 이러한 원리를 작용과 반작용의 원리, 혹은 작용 반작용의 법칙이라고 불러요.

 이런 작용과 반작용의 원리는 아주 먼 옛날부터 이용되었어요. 중국에서는 화약을 이용해 화살을 쏘아 보내거나 폭죽을 쏘아 올리기도 했지요. 동양의 이러한 기술은 인도와 아라비아를 거쳐 유럽에도 전해졌답니다. 특히 이탈리아에서는 이런 화살을 쏘아 올

작용 반작용의 법칙을 이용한 중국의 로켓 화살.

로버트 고다드
Robert H. Goddard, 1882~1945

로켓 연구의 선구자로 알려진 미국의 과학자예요. 그는 생전에는 업적을 인정받지 못했지만, 사후에 다시 평가되었고 지금은 '로켓의 아버지'로 불린답니다.

리는 불꽃을 로케타(rocchetta)라고 불렀는데, 이것이 오늘날 로켓의 어원이 된 것이지요.

1926년에 고다드는 미국 매사추세츠 주에서 액체 산소와 가솔린을 사용한 로켓 발사를 성공시켰습니다. 이 엔진은 2.5초 동안 작동했는데, 로켓은 56m까지 상승하여 시속 97km의 속력으로 날아갔지요. 이것이 현대적 로켓의 시초였어요.

그리고 마침내 인류는 로켓 엔진을 이용해 우주선을 발사시켜 우주로 보내게 되었습니다. 바람의 힘을 받아서 나는 비행기는 우주에서는 움직일 수 없어요. 하지만 로켓은 대기가 없는 우주 공간에서도 우주선이 원하는 곳에 갈 수 있게 해 주지요.

우주선과 함께 발사된 로켓은 연료가 떨어지면 더 이상 우주선의 추진을 돕지 못해요. 우주선에서 무게만 차지하는 불필요한 부분이 되지요. 그래서 연료가 떨어진 로켓은 차례로 우주선과 분리되어 버려지게 됩니다.

분리된 로켓의 대부분은 지구로 떨어지면서 공기와의 마찰력에 의해 대기 중에서 타 버려요. 가끔 대기권에 진입하지 못하는 로켓도 있는데, 이 로켓들은 우주 공간을 떠돌아다니게 됩니다.

고다드의 로켓.

로켓을 발사시키는 작용 반작용의 법칙

노를 저으면 그 힘만큼 배가 나아간다.

어느 한쪽에서 다른 쪽으로 힘이 작용하면, 그와 같은 크기의 힘이 반대 방향으로 가해집니다. 이것을 '작용 반작용의 법칙'이라고 해요.

노를 저어 배를 앞으로 나아가게 하는 것도 이와 같은 현상이에요. 뒤쪽으로 노를 저으면 뒤로 노를 저은 만큼의 힘으로 배가 앞으로 나아가게 되지요. 두 사람이 마주 보고 서서 손바닥으로 서로를 밀어낼 때에도 마찬가지 현상을 관찰할 수 있어요. 마주 선 사람을 밀어내는 힘만큼 자신도 뒤로 밀리게 되지요. 상대에게 가한 힘의 크기와 같은 크기의 힘이 자신에게도 가해져서 자기 몸이 뒤로 밀려나게 되는 거예요. 이 밖에도 작용 반작용의 법칙은 우리 생활 속 여러 곳에서 찾아볼 수 있습니다.

작용

반작용

대기권

우리가 사는 지구는 공기로 둘러싸여 있어요. 우리가 숨을 쉴 수 있는 것도 지구를 둘러싸고 있는 공기 덕분이에요. 이처럼 지구를 둘러싸고 있는 공기를 대기라고 해요. 그리고 그 대기의 층을 대기권이라고 한답니다.

대기권의 높이는 지상에서 1,000km 정도까지예요. 하지만 대부분의 공기는 지상에서 약 30km 이내에 존재한답니다. 그리고 대기권은 온도 분포에 따라 대류권, 성층권, 중간권, 열권으로 분류해요.

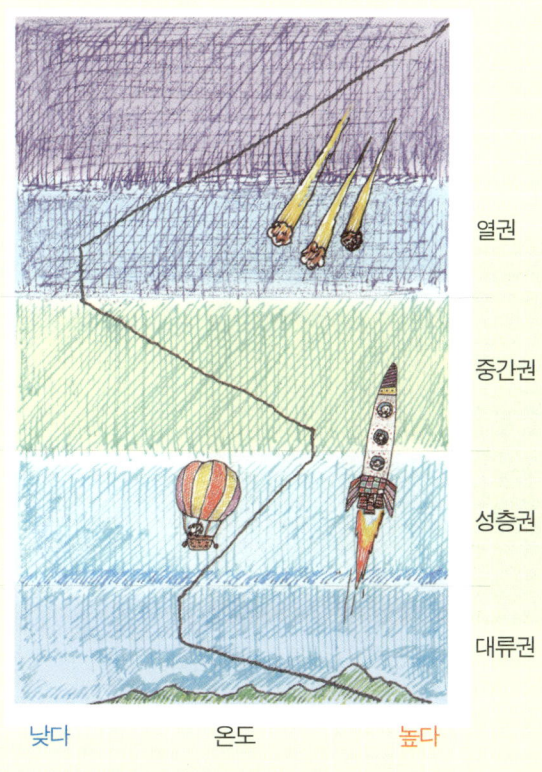

열권
중간권
성층권
대류권

낮다　　온도　　높다

세계 최초의 인공위성

인공위성

행성의 중력에 영향을 받아 우주 공간으로 나가지 못하고, 그 행성 주위를 도는 천체를 위성이라고 해요. 인공위성이란 달처럼 지구 주위를 돌도록 사람들이 만든 위성이에요.

사람들은 우주로 나가기 위해 먼저 지구의 중력이 미치는 범위에서 움직일 수 있는 인공위성을 만들려고 했어요.

세계에서 최초로 지구 궤도에 오르는 데 성공한 인공위성은 바로 소련에서 쏘아 올린 스푸트니크호입니다. '스푸트니크'란 러시아어로 '여행 동반자'라는 뜻이에요. 스푸트니크 1호는 1957년 10월 4일에 발사되어 57일간 지구의 궤도를 돌았어요. 스푸트니크 1호의 성공으로 비로소 우주 시대가 열렸다고 할 수 있어요.

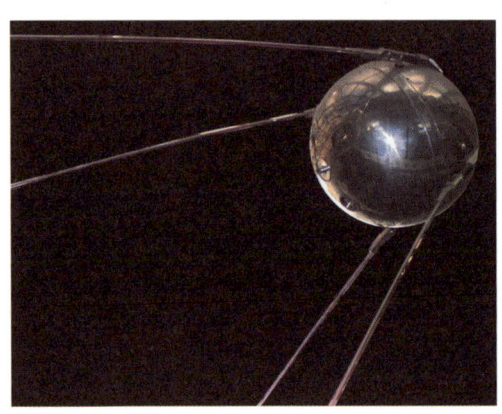
스푸트니크 1호의 모형.

스푸트니크 2호는 1957년 11월 3일에 라이카라는 개를 탑승시켜 발사되었습니다. 소련의 과학자들이 라이카를 통해 살아 있는 생물이 우주에 나갔을 때 어떤 영향을 받을지 연구하려 한 것이지요. 라이카는 사람보다 먼저 우주로 나간 우주개로 불렸지만 불쌍하게도 좁은 스푸트니크 2호 안에서 과열과 스트레스로 5~6시간 만에 죽고 말았어요. 하지만 이와 같은 경험을 통해 사람들은 비로소 우주선에 사람을 탑승시켜 우주로 보냈다가 무사히 지구로 귀환시킬 수 있게 되었지요.

우주개 라이카, 1957년 루마니아에서 발행한 스푸트니크 2호 발사 기념 우표.

우주 개발의 선두를 빼앗긴 미국은 스푸트니크 2호 발사 뒤인 1958년

지구 주위를 도는 인공위성.

발사중인 익스플로러 1호.

1월 31일에 인공위성 익스플로러 1호를 발사시켰어요. 익스플로러 1호는 세계에서 세 번째로 발사에 성공한 인공위성이에요. 그 뒤로 익스플로러호는 계속 발사되어 익스플로러 55호까지 발사되었어요. 그중 익스플로러 6호는 우주에서 지구 사진을 찍어 최초로 지구로 전송했답니다.

천체를 관측하는 허블 망원경도 인공위성 중 하나다.

기상 관측 위성이 보내 온 태풍 사진.

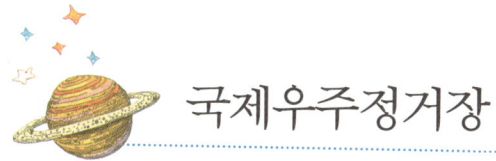
국제우주정거장

우주정거장이란 사람이 우주 공간에 장기간 머무를 수 있도록 만든 구조물을 말해요. 우주선과는 달리 별도의 추진 장치나 착륙 설비가 없고, 지구의 궤도 위에서 길게는 수년까지도 머무를 수 있게 만들어져요.

특히 국제우주정거장(ISS, International Space Station)은 미국, 캐나다, 일본, 러시아, 브라질과 유럽우주국 소속의 11개국 등 총 16개국이 각각의 기술적, 과학적 자원을 총동원하여 건설한 우주정거장이에요. 지금까지 만들어진 우주정거장 중에 규모가 가장 커요. 국제우주정거장에는 여섯 개의 실험실이 있으며 7~10명 정

국제우주정거장.

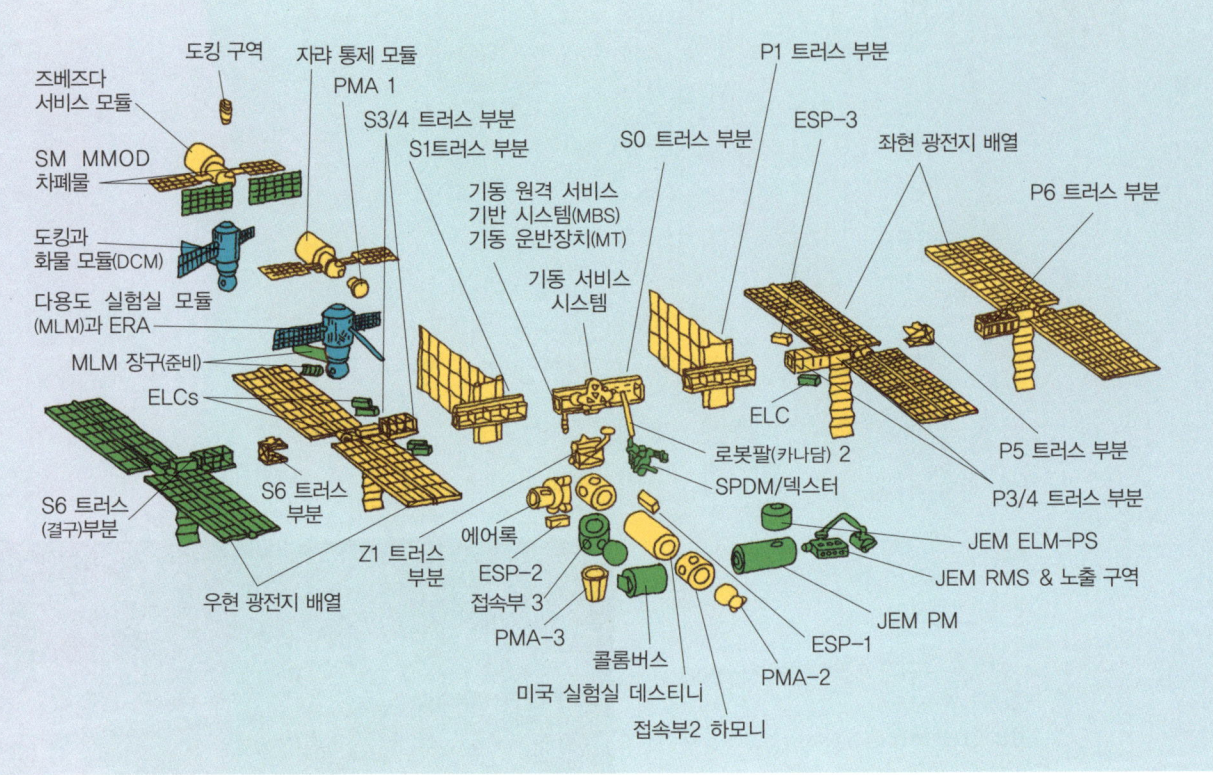

국제우주정거장의 배치도.

도의 사람이 머무를 수 있어요. 국제우주정거장은 로켓에 실려 우주로 발사된 여러 장치들이 우주 공간에서 조립되어 만들어지는데 1998년에 첫 장치가 발사되어 조립되기 시작하여 현재 거의 완성 단계에 들어섰어요. 미국의 우주왕복선, 러시아의 소유스 우주선, 러시아의 프로톤 로켓이 43회 이상 다양한 부품과 장치를 실어 나르는 비행을 했어요.

지표면으로부터 약 350㎞ 위에 떠 있는 이 우주정거장은 조건이 좋을 경우 지구에서 우리 눈으로 확인할 수도 있어요. 시속 2만 7,740㎞로 하루에

지구를 약 15.78바퀴씩 돌고 있기 때문에 하루에 15회 정도는 볼 기회가 있다는 말이 되지요. 국제우주정거장에 필요한 연료를 보급하기 위해서는 여러 번 화물 공급 우주선이 다녀가야 하는데 '프로그레스 M' 화물 우주선이 매년 6회 발사되어 이를 해결하고 있어요. 각종 부품 보급 및 조립, 승무원 교체를 위해서 우주왕복선이 이곳을 방문하고, 우주 비행사를 실어 나르는 소유스호 같은 우주선도 있답니다.

  국제우주정거장 이전의 우주정거장은 살류트와 미르가 있었어요. 1971

우주정거장 미르.

년 4월 19일에 소련에서 발사된 살류트 1호는 세계 최초의 우주정거장이랍니다. 두 번째 우주정거장은 미국의 스카이랩 1호였어요. 스카이랩은 1호만 우주정거장으로 활동했지만, 살류트는 7호까지 우주정거장으로 운영되었답니다. 살류트의 성공으로 우주정거장 운영에 자신감이 생긴 소련은 1986년에 새로운 우주정거장 미르를 390㎞ 궤도에 진입시켰어요. 미르는 국제우주정거장보다 먼저 우주 공간에서 서로 다른 기능의 장치를 결합시켜 거대한 크기의 우주정거장을 완성해 가는 방식으로 만들어졌어요. 미르는 10년에 걸쳐 무려 11개의 부분을 결합시켜 완성되었고, 15년간 우주정거장으로 활동했어요.

▲ 국제우주정거장과 도킹 중인 프로그레스 M 우주선.
◀ 우주정거장 스카이랩.

우주정거장의 역사

명칭	궤도 진입과 궤도 이탈 연도(년)	사람이 체류한 기간(일)	승무원과 방문자 수(명)
살류트 1호	1971	24	3
스카이랩	1973~1979	171	9
살류트 3호	1974~1975	15	2
살류트 4호	1974~1977	92	4
살류트 5호	1976~1977	67	4
살류트 6호	1977~1982	683	33
살류트 7호	1982~1991	816	26
미르	1986~2001	4,549	137
국제우주정거장	1998~	2,185+이상	153+이상

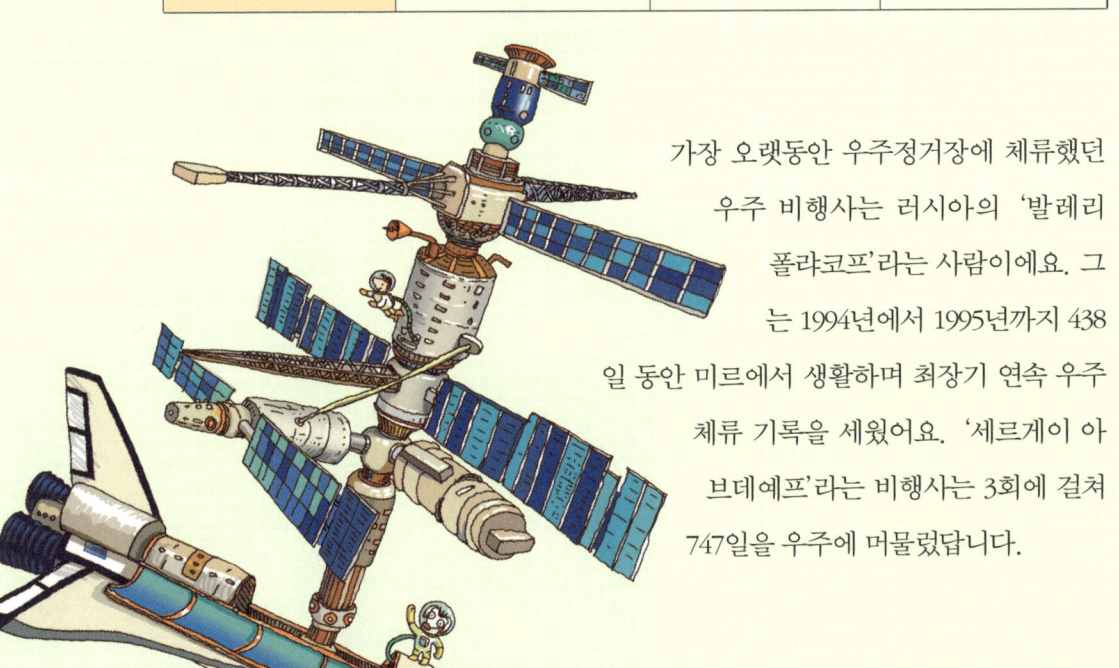

가장 오랫동안 우주정거장에 체류했던 우주 비행사는 러시아의 '발레리 폴랴코프'라는 사람이에요. 그는 1994년에서 1995년까지 438일 동안 미르에서 생활하며 최장기 연속 우주 체류 기록을 세웠어요. '세르게이 아브데예프'라는 비행사는 3회에 걸쳐 747일을 우주에 머물렀답니다.

세계의 우주기지

우주기지를 세우기 위한 조건

지금까지 로켓과 인공위성, 우주정거장에 대해 살펴보았어요. 그런데 그 로켓과 인공위성은 어디서 발사하는 걸까요? 그런 것들을 발사시키는 곳을 '우주기지'라고 한답니다.

우주기지에는 로켓 발사대, 레이더, 광학 관측 장치, 발사된 우주선이나 인공위성과의 통신을 위한 장치를 설치해요. 그런데 우주기지는 아무 곳에나 세울 수 없어요. 우주기지를 세우려면 까다로운 입지 조건을 잘 따져봐야 해요.

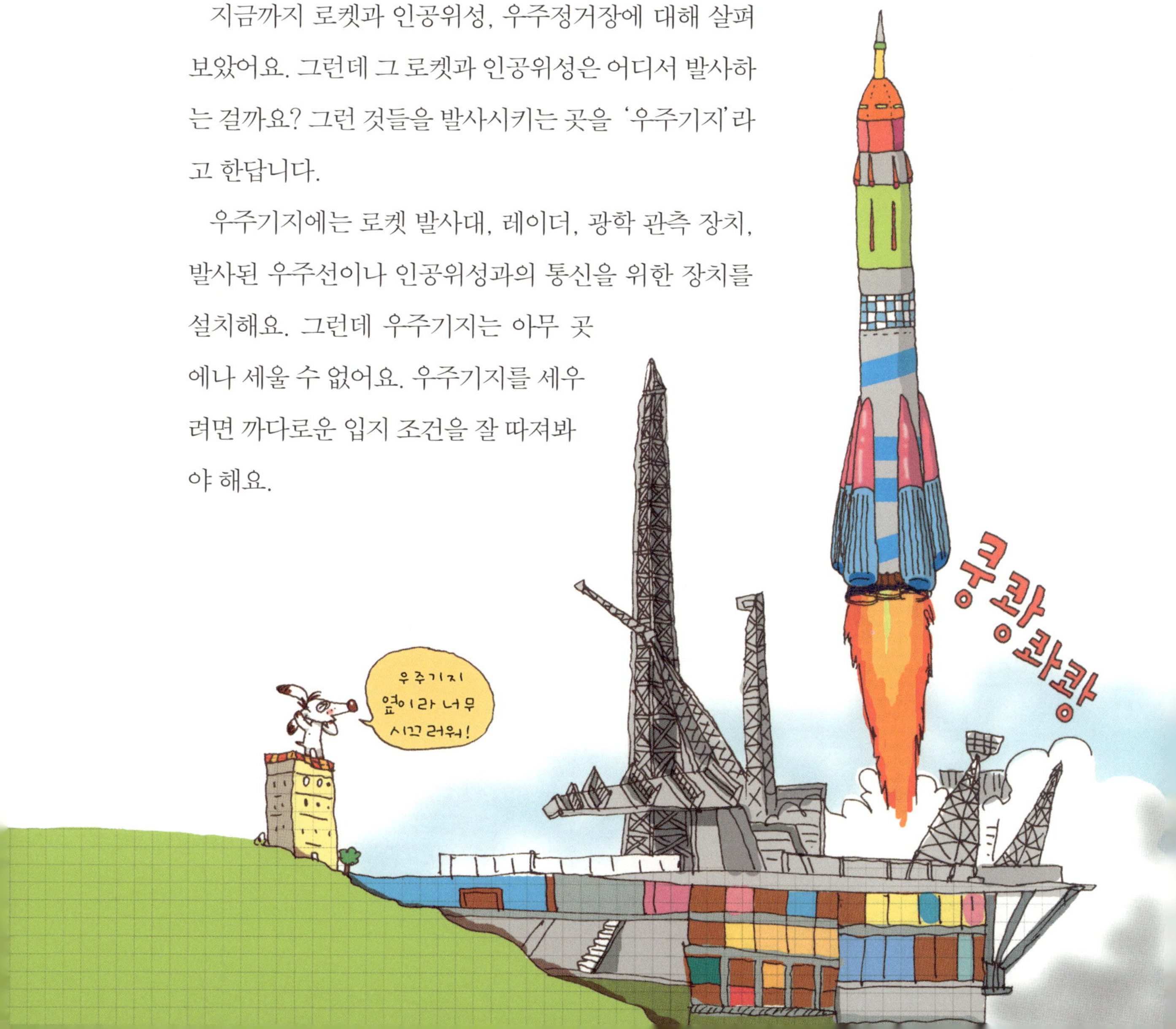

가장 중요한 조건은 사람이 많이 살지 않는 곳이어야 한다는 점이에요. 자칫 발생할 수 있는 사고로 인해 사람들이 피해를 입을 수 있기 때문이지요. 또 로켓 발사 소음도 매우 크기 때문에 주변에 사람이 살기에는 많은 어려움이 있어요. 그리고 주변이 트인 지형이어야 하고, 구름이 잘 끼지 않는 곳이어야 해요. 이런 이유 때문에 대부분의 우주기지는 바닷가나 섬, 사막지대에 자리 잡고 있답니다.

세계 최초의 우주기지, 바이코누르 우주기지

바이코누르 우주기지는 카자흐스탄의 바이코누르에 있어요. 세계 최초의 우주기지이며 세계에서 가장 큰 우주선 발사 기지로, 아랄 해 동쪽에 있

바이코누르 우주기지의 배치도.

는 시르다리야 강 연안에 위치하고 있지요. 본래 소련에 속해 있었으나 카자흐스탄이 독립한 뒤로는 러시아가 매년 약 1,370억 원에 임대해서 사용하고 있어요. 총넓이가 7,200㎢인 이 우주기지에는 15개의 발사대와 아홉 개의 발사 시설, 발사체 조립과 로켓 연료 생산을 위한 11개의 공장, 470㎞에 달하는 로켓 이동용 선로 등이 있어요. 어마어마한 시설들이지요.

  이 우주기지에서는 1957년 세계 최초의 인공위성인 스푸트니크호를 발사했고, 1961년에는 유리 가가린을 태운 보스토크 1호를 발사하면서 인류 최초의 우주 비행에 성공하기도 했어요. 그 후 50년 동안 이루어진 로켓 발사 횟수가 모두 6,000회 정도나 된다고 해요. 2008년 4월 8일, 우리나라 최초의 우주인 이소연 박사를 태운 우주선 소유스호도 바로 이 바이코누르 우

바이코누르 우주기지의 소유스호 발사대.

주기지에서 발사되었답니다.

미국의 케네디 우주센터

바이코누르 우주기지에 맞서는 미국의 대표적인 우주기지로는 미국항공우주국이 플로리다 주 메릿 섬에 건설한 케네디 우주센터가 있어요. 1961년 8월에 건설을 시작하여 5년에 걸쳐 완공한 이 우주기지는 총넓이가 356㎢로 공장 지구와 발사 지구로 나누어져 있어요. 공장 지구는 메릿 섬의 중앙에 위치하며, 센터 본부, 아폴로 우주선 조립 검사 공장, 기계 공장, 우주 비행사 거주 구역 등으로 나누어져 있어요. 발사 지구는 공장 지구와 10㎞ 정도 떨어져 있으며, 이곳에는 로켓 수직 조립 공장과 비행 관제 센터, 동시에 로켓을 쏘아 올릴 수 있는 두 대의 발사대 등이 있어요.

케네디 우주센터에서는 인류 최초로 달 착륙에 성공한 아폴로 11호가 발사되었어요. 그 후로도 여러 번 아폴로 우주선을 쏘아 올려서 사람들은 이 우주기지를 '달에의 우주항'이라고도 부른다고 해요.

케네디 우주센터의 지휘소.

중국의 주취안 위성발사기지

우주기지가 미국이나 러시아와 같이 먼 나라에만 있는 것은 아니에요. 우리나라와 아주 가까운 중국에도 주취안, 시창, 타이위안 등 우주기지가 여러 개 있답니다. 그중 가장 대표적인 우주기지는 바로 주취안 위성발사기지예요. 간쑤성 서쪽 끝 둔황으로 가는 길목에 위치한 이 우주기지는 1980년대 말 중국이 유인 우주선 개발을 논의할 당시 이미 발사장으로 선정된 곳이에요. 그만큼 발사 환경이 좋기 때문이지요.

1958년 건설이 시작된 주취안 발사장은 지형이 평탄하고 강우량이 적어 연중 약 300일까지도 발사 실험을 할 수 있을 정도로 우주기지로는 적당한 장소예요. 발사 실험에 용이하도록 주위 지형이 넓게 트여 있고, 사람도 거의 살지 않아 발사체가 귀환하기에도 좋다는 장점이 있어요. 하지만 이곳은 거센 바람이 잦아서 기지에 근무하는 요원들의 생활이 쉽지 않다는 단점도 있어요. 기지 경비원이 강풍에 날려가 4일 만에 발견된 일도 있다고

선저우 5호

중국 최초의 유인 우주선이에요. 중국은 선저우 5호의 발사에 성공하여, 미국과 러시아에 이어 세계에서 세 번째로 유인 우주선을 발사한 나라가 되었답니다.

하니까요.

주취안 위성발사기지에서는 2003년 10월 15일, 선저우 5호가 발사되었어요. 이 우주선은 중국 최초의 유인 우주선이어서 중국인들에게 의미가 깊답니다.

주취안위성발사기지에서 선저우 5호가 발사되고 있다.

일본의 다네가시마 우주센터

1969년 10월, 일본의 우주항공연구개발기구는 다네가 섬에 로켓 발사장이 세 개나 있는 다네가시마 우주센터를 건설했어요. 이 우주 센터는 섬이라는 입지 조건 덕분에 태평양에 인접해 있어서 경치가 매운 아름다운 우주센터로도 유명해요. 다네가시마 우주센터는 대형 위성 발사를 위한 요시노부 발사장, 중형 위성 발사를 위한 오오자키 발사장, 소형 로켓 발사를 위한 다케사키 발사장 등 크게 세 부분으로 나누어져 있어요. 일본의 상업용 인공위성 및 로켓 등은 모두 이곳에서 발사된다고 합니다.

다네가시마 우주센터에서 일본의 달 탐사선 가구야 호가 H-IIA 로켓에 실려 발사되고 있다.
ⓒ NARITA Masahiro(Naritama@the Wikimedia Commons)

인도의 사티시다완 우주센터

　인도에서는 안드라프라데시 주 스리하리코타에 있는 사티시다완 우주센터를 국제적인 위성발사기지로 입지를 세우기 위해 집중 투자하고 있어요. 인도 남부 도시 첸나이에서 북쪽으로 100km 떨어진 곳에 자리 잡고 있는 이 우주기지는 2008년 10월, 인도 최초의 달 탐사 위성 찬드라얀 1호를 발사시킨 것으로도 유명해요. 다른 어느 우주기지보다도 의욕적으로 발전하고 있는 이 우주기지가 앞으로 국제적인 위성발사기지가 될 수 있을지 기대가 됩니다.

미국항공우주국

NASA를 상징하는 로고.

흔히 NASA라고 불리는 미국항공우주국(National Aeronautics and Space Administration)은 1958년 설립된 미국의 비군사적 우주 개발 활동의 주체가 되는 정부 기관이에요. 이곳은 대통령 직속 기관으로, 비군사적인 우주 개발에 관한 모든 것을 관할하고 종합적인 우주 계획을 추진하는 일을 해요. 1969년 달 착륙을 실현한 아폴로 계획도 이곳에서 추진되었어요. 그 후 유인 우주선으로 지구 주위 궤도에서 과학 실험을 하는 스카이랩 계획을 실시했고, 현재 우주왕복선을 중심으로 우주 개발에 힘쓰고 대규모 우주정거장 건설을 계획하고 있어요.

미국항공우주국은 메릴랜드 주의 고다드 우주비행센터, 캘리포니아 주의 제트추진연구소, 텍사스 주의 존슨 우주센터, 버지니아 주의 랭글리 연구센터 등을 산하기관으로 두고 있어요. 본부는 미국의 수도인 워싱턴에 있어요.

Q&A 꼭 알고 넘어가자!

문제 1 우리는 흔히 우주선을 로켓이라고 부르기도 한답니다. 하지만 우주선과 로켓은 엄밀히 말하면 다르답니다. 우주선은 무엇이고 로켓은 무엇일까요?

문제 2 로켓을 발사시키는 원리를 작용 반작용의 법칙이라고 해요. 작용 반작용의 법칙은 어떤 것인가요?

3. 우주기지를 세우기 위해서는 우선 사람들이 살지 않는 곳이어야 합니다. 왜냐하면 발사 시 로켓이 떨어져 사람들이 피해를 입을 수 있기 때문이죠. 그리고 추위에 트는 사고가 날 수 있어요. 이 때문에 우주기지는 주로 바다에 지어져 있습니다.

문제 3 우주기지는 어떤 곳에 세워질까요? 그리고 그 이유는 무엇일까요?

정답

1. 우주복은 우주 공간에서 생활할 때 우주인들이 필요한 공기를 공급하고, 우주에서의 온도 변화를 막아 주며 우주인들을 보호하는 역할을 합니다. 그리고 통신 시스템이 설치되어 있어 우주인들끼리 대화가 가능하며 다른 동물 주는 역할을 해요. 또한 우주복은 반사 물질로 되어 있어서 태양의 강한 빛으로부터 우주인의 눈과 몸을 보호해 주는 역할도 합니다.

2. 아는 곳에서보다 다른 행성에 돌이 적은 지역에 세워요. 그런 곳은 크기가 큰 돌이 적고 작은 모래들로 가득해서 기지를 세우기 쉬워요. 또한 크고 작은 돌들이 내려앉으며 그 위에 만들어진 평평한 곳에 돌이 적게 자리잡아 돌담으로 쓰이기도 해요. 또 탐사선이 그 돌을 타고 와서 앉기도 합니다.

관련 교과
초등 5학년 1학기 1. 지구와 달
초등 5학년 2학기 7. 태양의 가족
초등 6학년 1학기 3. 계절의 변화
중학교 2학년 6. 태양계
중학교 3학년 7. 태양계의 운동

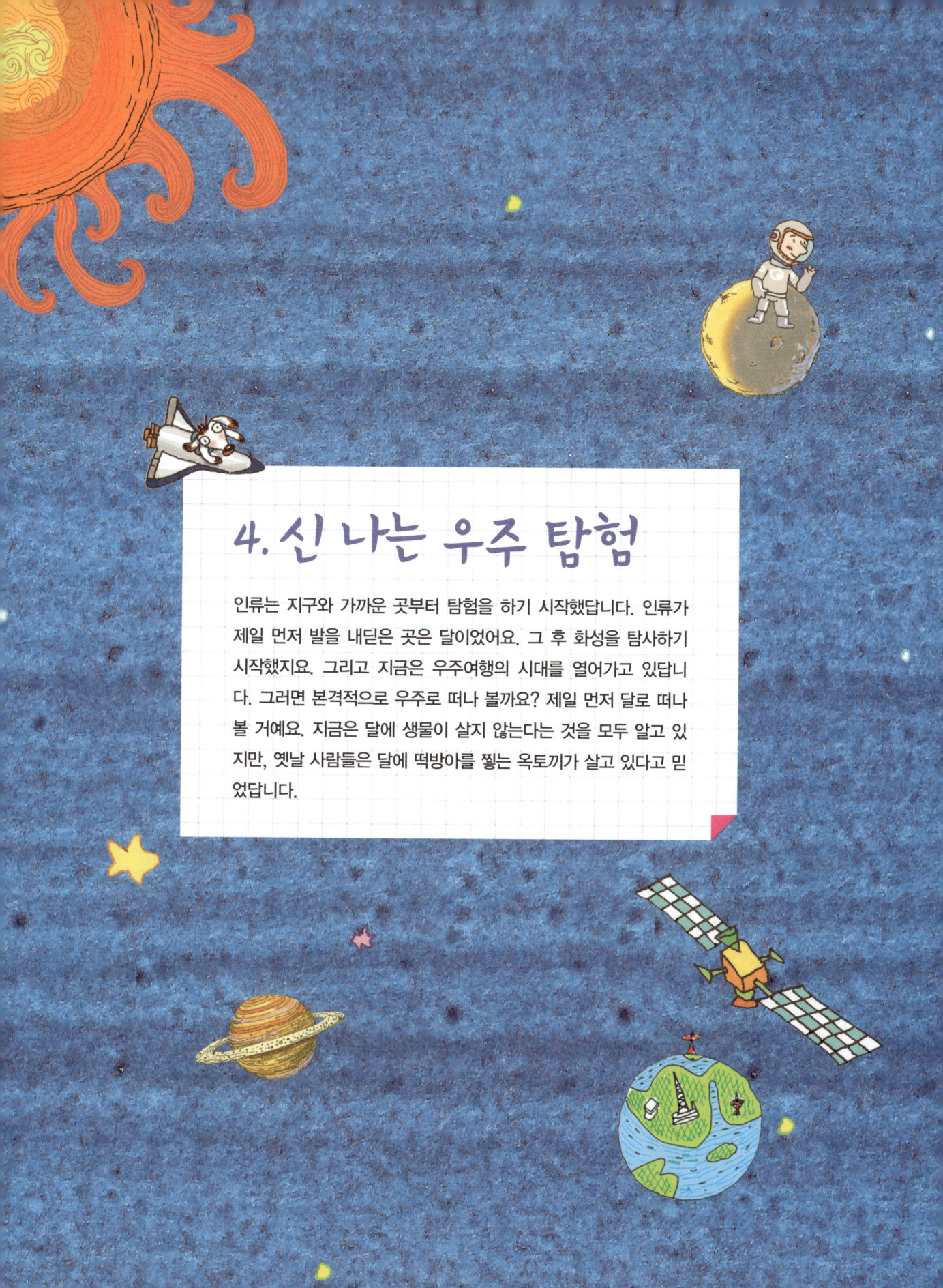

4. 신 나는 우주 탐험

인류는 지구와 가까운 곳부터 탐험을 하기 시작했답니다. 인류가 제일 먼저 발을 내딛은 곳은 달이었어요. 그 후 화성을 탐사하기 시작했지요. 그리고 지금은 우주여행의 시대를 열어가고 있답니다. 그러면 본격적으로 우주로 떠나 볼까요? 제일 먼저 달로 떠나 볼 거예요. 지금은 달에 생물이 살지 않는다는 것을 모두 알고 있지만, 옛날 사람들은 달에 떡방아를 찧는 옥토끼가 살고 있다고 믿었답니다.

달나라로 떠나요

존 케네디
John F. Kennedy, 1917~1963

미국의 제35대 대통령으로 선거를 통해 당선된 최연소 대통령입니다. 외교 면에서 많은 업적을 이루었지만, 안타깝게도 1963년 11월 22일 자동차 퍼레이드 중 암살자의 총을 맞고 죽고 말았어요.

아폴로 계획

사람들은 어떻게 달을 탐사할 수 있게 되었을까요? 1961년 5월 25일, 미국의 케네디 대통령은 "1960년대가 끝나기 전까지는 인간을 달에 착륙시켰다가 무사히 지구로 귀환시키는 목표를 달성하고 싶다."는 우주 개발 목표를 발표했습니다. 이것이 바로 '아폴로 계획'이에요.

아폴로 계획이 발표된 지 7년 후, 아폴로 8호는 1968년 12월 21일에 발사되어 세 명의 우주인 프랭크 보먼, 제임스 러벌 주니어, 윌리엄 앤더스를 싣고 달을 열 바퀴 돌고 난 뒤 지구로 무사히 돌아오는 데 성공했습니다.

1969년 5월에는 아폴로 10호가 토머스 스태퍼드, 유진 서넌, 존 영을 태우고, 달 착륙선을 우주선에서 분리해 달로 하강시키는 실험을 성공시키고 돌아왔어요. 아폴로 10호는 바로 인간을 달

인간이 달에 설 수 있게 하겠습니다!

에 보내기 위한 마지막 준비 단계의 우주선이었답니다.

마침내 1969년 7월 20일, 인간이 달에 첫발을 내딛는 역사적인 순간이 왔어요. 바로 아폴로 11호의 성공이었지요. 1969년 7월 16일에 아폴로 11호가 발사되었습니다. 아폴로 11호는 선장 닐 암스트롱, 사령선 조종사 마이클 콜린스, 달 착륙선 조종사 버즈 올드린을 태우고 출발했지요. 암스트롱은 달에 착륙하여 21시간 30분 동안 체류하면서 표본을 채취하고 여러 가지 탐사 장비를 설치한 후 무사히 지구로 돌아왔습니다.

아폴로 우주선은 그 후 17호까지 발사되었고 인간은 여섯 차례나 달 세계를 다녀왔답니다.

달에 발을 내딛은 버즈 올드린, 암스트롱이 찍은 사진.

인류 최초로 달에 착륙한 우주인, 닐 암스트롱

1969년 7월 20일, 아폴로 11호의 달 착륙선인 이글호가 달 표면의 '고요의 바다' 가장자리에 착륙했습니다.

그리고 암스트롱은 드디어 이글호의 문을 열고 밖으로 나갔어요. 전 세계인의 눈이 주목된 가운데 달 표면에 인류가 최초로 발을 내딛는 역사적이고

버즈 올드린
Buzz Aldrin, 1930~

본명은 에드윈 올드린 2세예요. 아폴로 11호에 탑승한 달 착륙선 조종사로 닐 암스트롱 다음으로, 그러니까 인류 역사상 두 번째로 달에 발을 내딛은 사람이랍니다.

마이클 콜린스
Michael Collins, 1930~

미국의 우주 비행사로, 아폴로 11호의 사령탑 조종사였어요. 하지만 암스트롱과 올드린이 달에 착륙해 달의 이모저모를 조사하는 동안 콜린스는 우주선에 남아 있어야 했답니다.

첫 번째 달 탐사를 마치고 이글호로 돌아온 암스트롱.

닐 암스트롱
Neil Armstrong, 1930~

미국의 우주 비행사로, 인류 최초로 달에 착륙한 아폴로 11호의 선장이에요. 우주 비행사가 되기 전에는 해군 전투기 조종사였는데, 한국 전쟁에도 참전했어요.

고요의 바다
달의 적도 동북쪽에는 넓고 평탄한 지형이 펼쳐져 있는데, 그곳을 '고요의 바다'라고 부르지요.

감동적인 순간이었어요.

"이것은 한 인간의 작은 발걸음이지만, 인류에게 있어서는 위대한 발걸음이다."

암스트롱이 달에 도착하여 남긴 이 첫마디는 전 세계에게 감동을 주었어요. 그는 달을 떠나기 전, "1967년 7월 지구에서 온 인간들이 처음으로 달에 발자국을 남긴다. 우리는 모든 인류의 평화를 위해 여기에 왔다!"라는 말이 쓰인 깃발과 함께 23개 나라 대통령들의 연설을 담은 디스크를 그곳에 남겨

▶ 아폴로 11호의 달 착륙선인 이글호.

두고 오기도 했어요. 이로써 세계는 아폴로 11호와 함께 닐 암스트롱의 이름을 영원히 기억하게 된 것이지요.

달 착륙 그 후

아폴로 11호가 달 착륙에 성공한 후에도 미국의 아폴로 계획은 계속되었어요. 아폴로 12호는 다시 달에 착륙하여 예전에 떨어뜨리고 온 부품들을 수집해 왔어요.

아폴로 13호는 비극적인 사고로 이어질 뻔했어요. 우주 공간에서 산소 탱

무사히 돌아온 아폴로 13호의 우주인들이 구조되고 있다.

크에 화재가 발생하여 큰 폭발이 일어난 것이에요. 다행히 당시 우주선에 탑승하고 있던 세 명의 승무원은 달 착륙을 위해 만들어진 작은 착륙선에 머무를 수 있었어요. 우주선 뒤에 따로 달려 있는 2인용짜리 작은 착륙선이 었지요. 그들은 그 속에서 연료를 아끼기 위해 음식물이 딱딱하게 얼어 버릴 정도로 낮은 온도를 버텨야 했어요. 얼마 후 그들은 무사히 지구로 돌아올 수 있었답니다.

아폴로 14호는 가장 긴 시간을 달 위에서 보냈고, 처음으로 컬러텔레비전

카메라를 사용하기도 했어요. 또, 우주 비행사 앨런 셰퍼드는 달 위에서 골프를 치는 모습을 보여 화제가 되기도 했습니다. 그 후 아폴로 15호와 16호는 달의 물질들을 채집해 오는 데 주력했어요. 그리고 아폴로 계획의 마지막 우주선인 아폴로 17호는 밤중에 발사되어서 사람들이 혜성으로 착각하기도 했답니다.

아폴로 15호가 달에서 가져온 암석 제네시스락.

최초의 우주왕복선, 컬럼비아호

지금까지 사람이 탑승했던 우주선들은 모두 한 번밖에 사용할 수 없었어요. 우주에 간다는 것은 비용이 굉장히 많이 드는 일이었고, 이런 점 때문에 우주 탐사를 비판적인 시각으로 바라보는 사람들도 많았지요.

이러한 문제를 해결하기 위해 미국항공우주국은 우주왕복선을 개발하기로 했어요. 우주선을 외부 연료 탱크만 교체하여 계속 사용할 있게 하는 것이지요. 이 계획에 의해서 최초로 제작된 우주왕복선이 바로 '컬럼비아호'예요.

1981년 4월 12일, 컬럼비아호가 1차로 발사되고 있다.

컬럼비아호는 기존의 우주선들과는 달리 제트 여객기처럼 만들어졌어요. 모양도 크기도 비슷하고, 총 일곱 명이 탑승할 수 있어요.

컬럼비아호의 1차에서 4차 비행까지는 시험 비행으로, 여러 테스트가 이루어졌어요. 그리고 5차 비행이 우주왕복선으로서의 첫 번째 정식 임무를 띤 비행이었지요. 2003년 1월까지 컬럼비아호는 28차의 비행 기록을 세웠어요. 하나의 우주선을 이용하여 28번이나 우주에 갔다 왔으니, 정말 굉장한 기록이 아닐 수 없지요.

이처럼 컬럼비아호 외에도 챌린저호, 디스커버리호, 아틀란티스호가 우주왕복선으로 개발되어 활동했답니다.

언젠가는 비행기를 타고 다른 나라로 여행을 가는 것처럼 우주왕복선을 타고 우주로 여행을 떠날 수 있기를 기대해 봅니다.

챌린저호와 컬럼비아호의 비극

우주 개발 과정에서 일어난 챌린저 호와 컬럼비아 호의 폭발 사고는 정말 비극적인 사고였어요.

1986년 1월 28일 챌린저호가 발사된 지 73초 만에 폭발하는 사고가 일어났어요. 그래서 챌린저호에 타고 있던 일곱 명의 승무원이 안타깝게도 모두 사망하고 말았지요. 이 사고로 2년간 우주왕복선의 운행이 중단되었답니다. 그리고 2003년 2월 1일에는 제28차 비행을 마치고 돌아오던 중에 컬럼비아호가 공중 폭발하는 사고가 발생했어요. 챌린저호 사고 때와 마찬가지로 컬럼비아호의 우주인들도 모두 죽고 말았답니다.

지금까지 인류가 이루어 온 우주 개발의 눈부신 성과 뒤에는 이처럼 많은 이들의 노력과 숭고한 희생이 있었다는 것을 기억하세요.

안타까운 챌린저호의 공중 폭발 장면.

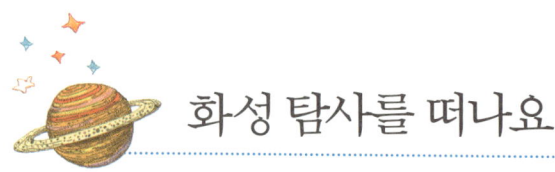
화성 탐사를 떠나요

가깝고도 먼 화성

화성은 금성 다음으로 지구와 가까운 곳에 있는 행성이자 지구와 가장 비슷한 모습을 하고 있습니다. 그럼 화성은 어떤 행성인지, 화성 탐사는 어디까지 진행되고 있는지 알아볼까요?

화성은 이름에서도 알 수 있듯이 붉은빛을 띠고 있는 행성이에요. 그래서 옛날에는 화성을 불길한 징조로 여겨 전쟁이나 재앙을 예고한다고 생각한

허블 망원경으로 본 화성.

사람들도 많았답니다.

화성은 태양을 중심으로 돌고 있는 행성 중 태양으로부터 4번 위치에 있는 행성이에요. 우리가 살고 있는 지구 바로 바깥쪽에서 돌고 있기 때문에 지구와 가까운 행성이지요.

지구에 하루의 낮과 밤이 생기는 것은 지구가 자전하기 때문이고, 1년과 사계절이 생기는 것은 지구의 자전축이 23.5도 기울어져서 태양 주위를 공전하기 때문이에요.

자전과 공전

어떤 천체가 팽이처럼 자기 내부의 중심축을 중심으로 회전하는 것을 자전이라고 하고, 다른 천체를 중심으로 크게 도는 것을 공전이라고 해요.

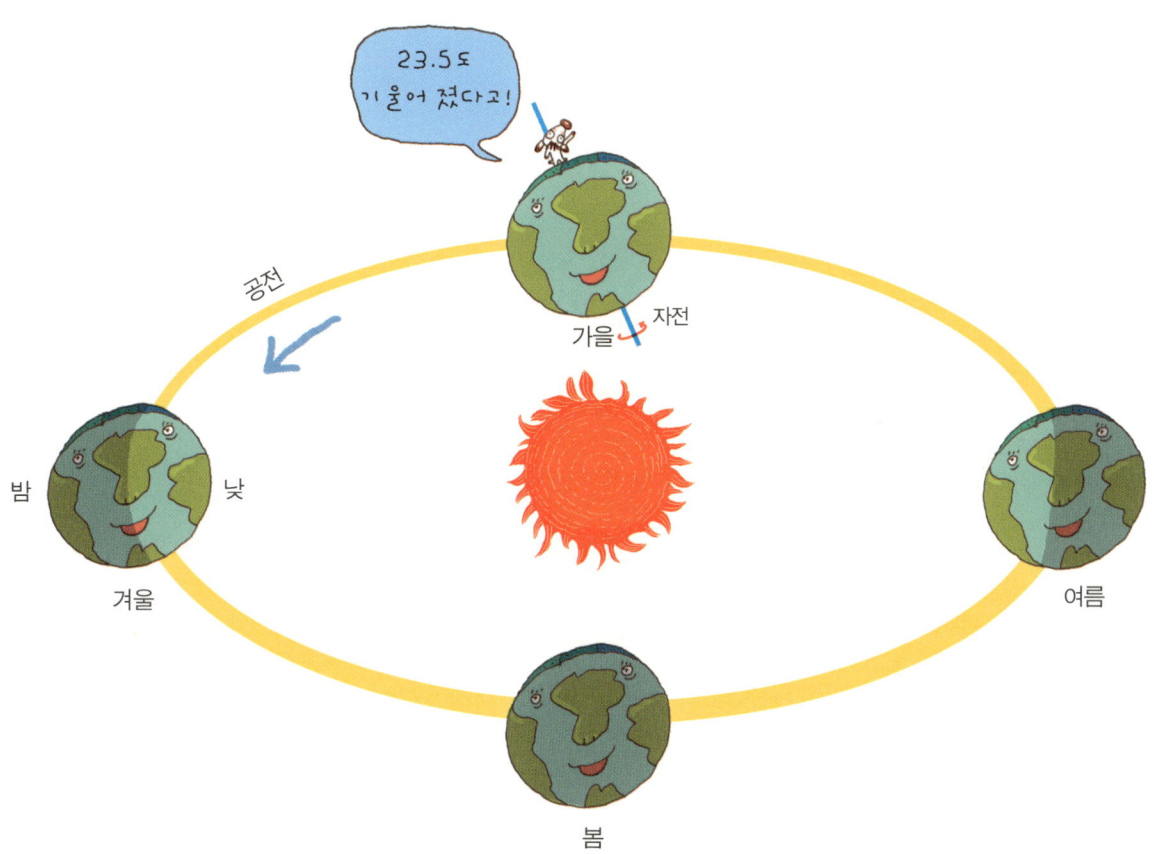

화성도 지구처럼 자전과 공전을 해요. 그리고 자전축이 25도 정도 기울어져 있기 때문에 지구처럼 계절의 변화가 있을 것으로 예측할 수 있답니다.

화성의 지름은 지구의 절반 정도이고, 한 바퀴 자전하는 데 걸리는 시간은 지구보다 약간 긴 24시간 37분이에요. 하루가 지구보다 37분 정도 더 길다는 뜻이지요. 그리고 화성이 한 번 공전하는 데 걸리는 시간은 686일이에요. 화성에서의 1년은 지구에서보다 두 배 가까이 긴 것이지요.

지구가 태양과 화성 사이에 왔을 때가 지구와 화성이 가장 가까워지는 기간이에요.

바로 이 기간을 선택하여 화성에 탐사선을 보내면 성공할 확률이 높아진답니다. 하지만 지구와 화성은 모두 태양 주위를 돌고 있기 때문에 이런 기회가 오는 데는 약 15~17년이 걸립니다.

첫 화성 착륙 탐사선, 바이킹호

화성 착륙에 처음으로 성공한 우주선은 바로 무인 화성 탐사선 바이킹호입니다.

미국 케네디 우주센터에서 발사된 바이킹 1호는 1976년 7월에 드디어 화성의 크리세 평원에 착륙할 수 있었습니다. 출발한 지 1년이 지나서였어요. 바이킹호는 지구로 흑백과 천연색의 화성 표면 사진을 전송했어요. 이 사진으로 화성에서 살아 있는 생물을 볼 수 있을 것이라는 과학자들의 기대는 빗나가고 말았습니다. 사진에 나타난 화성의 풍경은 삭막한 돌 들판의 모습뿐이었거든요.

바이킹 1호를 바로 뒤따라간 바이킹 2호는 1976년 9월 화성 북반구의 유토피아 평원에 착륙했어요. 바이킹 2호가 보내 온 유토피아 평원의 사진

미국의 케네디 우주센터에서 바이킹 1호가 발사되고 있다.

역시 갈색 돌과 바윗덩어리들만 뒹굴고 있는 돌 들판의 풍경이었어요.

바이킹 1호와 2호 모두 화성에서 직접 생물을 보지는 못했어요. 화성의 흙을 가지고 돌아와 실험을 했지만 화성의 흙에서도 생물의 흔적은 찾을 수 없었어요. 결국, 두 탐사선은 화성에는 아무런

바이킹 2호가 찍은 화성의 모습.

생물체도 살지 않는다는 결론을 안은 채 지구로 돌아왔답니다.

두 번째 화성 착륙 탐사선, 패스파인더호와 소저너

1996년에는 패스파인더호가 발사되었어요. 두 번째 화성 착륙 탐사선인 이 우주선에는 바로 탐사 로봇 소저너가 있었답니다.

소저너는 6주 동안이나 화성 곳곳을 돌아다니며 탐사 자료를 수집하여 패스파인더호로 전송했어요. 패스파인더호는 소저너로부터 전송받은 자료를 지구로 전송하는 역할을 담당했고요. 이 탐사를 통해 1만 장 이상의 화성 표면 사진과 400만 가지 이상의 화성 대기와 기상에 대한 정보를 얻을 수 있었어요.

화성의 아레스발리스 평원이 300만 년 전쯤 발생한 홍수로 인해 침식 작용을 받았다는 사실을 알게 되었고, 이로써 화성에 물이 존재했다는 것도 추측할 수 있게 되었어요. 또한 화성의 암석에는 규산염과 유황이 풍부하다는 분석 결과를 통해 과거에 화산 활동이나 지각 변동이 있었을 것이라는 추측도 하게 되었답니다.

세 번째 화성 착륙 탐사선, 스피릿과 오퍼튜니티

2003년 6월, 미국항공

화상 탐사 로봇 소저너.

우주국은 쌍둥이 로봇 스피릿과 오퍼튜니티를 실은 두 개의 발사체를 발사시켰어요.

이전까지와는 달리 스피릿과 오퍼튜니티를 착륙선에 실은 것이 아니라 발사체가 화성의 대기권에 진입하면 거대한 낙하산이 펴지고, 지표면에 닿기 전에 에어백이 펴지게 설계를 했지요. 그리고 지표면에 20~30m 정도 다가가면 에어백이 낙하산과 분리되어 땅에 떨어지게 되고, 여기저기 튕기다가 정지하게 되었을 때 에어백의 바람이 빠지면서 탐사 로봇이 활동을 시작한답니다.

이렇게 두 쌍둥이 로봇이 화성에 도착했어요. 스피릿은 2004년 1월 4일에, 오퍼튜니티는 같은 해 1월 25일에 각각 화성의 반대편에 착륙했습니다. 두 탐사 로봇은 화성 곳곳을 돌아다니며 탐사를 하고 그 자료를 우리에게 전송해 주었어요. 두 탐사 로봇을 통해 우리는 화성 곳곳을 살펴볼 수 있지요. 그럼, 로봇들이 알아낸 화성의 새로운 모습에는 어떠한 것들이 있을까요?

3차원 카메라, 광물 성분 분석을 위한 X선 분광

화성을 탐사하는 오퍼튜니티와 스피릿의 예상 모습. 오퍼튜니티와 스피릿은 쌍둥이 로봇으로 모양이 똑같다.

스피릿이 찍은 사진. 화성에 물이 존재했다는 증거가 되었다.

기, 열 탐지 장비, 드릴, 연마기 등을 가지고 있는 스피릿은 이 장비들을 동원하여 화성에 물이 존재했다는 증거를 찾아냈답니다. 물에 의해 생긴 퇴적암층을 발견하기도 하고 암석을 분석하여 물의 흔적을 찾아내기도 하면서 말이지요.

오퍼튜니티는 화성에서 바라본 일식 현상을 촬영하기도 했어요. 화성의 제2 위성인 데이모스에 의한 일식 현상이었지요. 오퍼튜니티는 또 각종 장비가 부착된 로봇 팔을 이용해 화성의 암석을 현미경 사진기로 촬영하거나 지름 800m의 빅토리아 크레이터의 사면을 내려가 내부 조사 활동을 하기도 했답니다.

스피릿과 오퍼튜니티는 지금도 여전히 화성에서 탐사하고 있어요. 벌써 7년이 넘는 시간이 흘렀는데도 꾸준한 활동을 보이고 있지요. 우리가 직접 가 볼 수 없는 곳에 가서 위험을 무릅쓰고 우리 대신 탐사를 하고 있는 이 두

오퍼튜니티가 촬영한 빅토리아 크레이터.

쌍둥이 로봇이 새삼 고맙게 느껴집니다.

가장 최근에 화성에 도착한 로봇 탐사선, 피닉스

로봇 탐사선 피닉스가 2007년 8월 4일에 발사되어 9개월의 비행 끝에 2008년 5월 25일, 화성에 착륙했어요. 바로 화성의 북극에서 흙과 얼음을 채취하고 생명의 가능성을 찾기 위해서였지요.

로봇 팔에 달려 있는 카메라가 피닉스의 다리 아래에서 지름 90㎝ 가량의 빛이 나는 평평한 물체를 촬영했는데, 그것은 얼음일 가능성이 아주 컸어요. 피닉스는 그 흙을 삽으로 떠서 채로 거른 다음, 성분을 분석해 얼음임을 알아냈어요. 이 분석을 통해 화성에 물이 존재한다는 사실을 확인할 수 있었어요. 그동안은 물의 흔적만을 찾았을 뿐이었는데, 이번에는 피닉스를 통해 화성의 물을 직접 만지고 느껴 본 것이랍니다.

또 하나 알아낸 중요한 사실은 화성의 토양에는 과염소산염이라는, 생명체에 해로운 성분이 있다는 것이었어요. 이 성분이 확인된 토양에서는 생명체가 살기 어려워요. '화성에도 생명체가 살고 있지 않을까?' 하는

피닉스가 촬영한 사진, 하얀 부분이 얼음이다.

과학자들의 기대가 무너지는 결과였지요.

피닉스 덕분에 화성에 관한 궁금증들이 점점 더 많이 풀려 가고 있는 것 같아요. 이 피닉스를 만들고 조종하는 것은 과학자들이 하는 일이에요.

인간의 기술이 얼마나 많이 발전하고 있는지 알 수 있답니다.

태양계 곳곳을 탐사하고 있어요

달과 화성에 대한 탐사뿐 아니라 태양계의 다른 행성에 대한 탐사도 여러 차례 있었답니다. 파이어니어호, 마리너호 등의 우주선이 태양과 수성, 금성, 목성, 토성을 탐사하여 태양계에 대한 여러 정보를 지구로 전송해 주었어요.

파이어니어호는 1958년부터 13차례에 걸쳐 발사된 우주 탐사선으로 달과 태양, 목성, 토성, 금성을 관측하고 지구로 자료를 보내 왔습니다. 그중 파이어니어 10호는 태양계를 벗어나 우주를 여행하고 있는 우주선이에요. 혹시 외계인을 만날 수 있을지도 모른다는 생각에 지구에서 외계인에게 보내는 메시지를 실어 보냈답니다. 마리너호는 1962년부터 1975년 사이에 10호까지 발사된 미국의 무인 탐사선입니다. 금성과 화성, 수성을 탐사했어요.

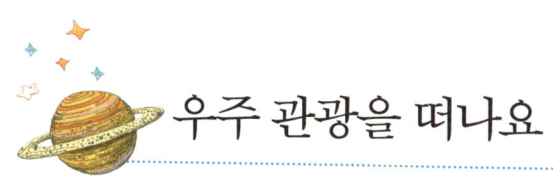
우주 관광을 떠나요

우주 관광 시대가 시작되었다

우주 관광이 이미 시작되었다는 것을 알고 있나요? 그러나 지금까지는 아주 비싼 액수 때문에 부자들만 할 수 있는 특별한 경험이었지요. 하지만 이제 곧 우주 관광의 시대가 활짝 열릴 것 같아요.

2001년 미국의 억만장자인 데니스 티토는 2,000만 달러라는 거금을 지불하고 최초로 우주를 여행한 관광객이 되었어요. 그는 8일 동안 국제우주정거장에 머물렀어요. 우주여행을 마친 그는 이렇게 말했어요.

"천국이었다. 멋진 비행에 멋진 착륙, 어려움은 전혀 없었다. 나는 꿈을 실현했다."

그리고 2006년에는 이란계 미국인 아누셰흐 안사리가 민간인 여성으로는 최초로 우주여행을 했답니다. 안사리는 "저의 우주여행으로 세계의 소녀들이, 특히 중동의 소녀들이 꿈을 가졌으면 좋겠습니다."라고 말하기도 했어요.

2001년 데니스 티토를 시작으로 우주 관광을 주선하는 일을 해 온 스페이

우주 관광

휴일에 혹은 방학 때 부모님과 여행을 가 본 적이 있나요? 이제 일반인도 돈을 내면 우주를 여행할 수 있게 되었어요. 이렇게 돈을 내고 관광을 목적으로 우주를 비행하는 것을 우주 관광이라고 해요.

데니스 티토
Dennis A. Tito, 1940~

미국인 사업가이자, 억만장자로 최초의 우주 관광객이 되었어요. 2001년 4월 28일, 러시아 우주선 소유스 TM32호를 타고 우주여행을 떠났답니다. 티토는 국제우주정거장을 방문했고, 7일 22시간 4분 동안 우주 공간에 머물렀답니다.

▲ 세계 최초의 우주 관광객 데니스 티토(위).
국제우주정거장에서의 아누셰흐 안사리(아래).

스 어드벤처라는 업체는 지금까지 총 1억 2,000만 달러의 매출을 올린 것으로 알려졌어요. 그만큼 많은 사람이 우주여행을 시작하고 있다는 이야기예요.

하지만 우주여행은 비용이 굉장한 만큼 아직까지는 누구나 쉽게 떠날 수 있는 흔한 여행은 아닌 듯해요.

하지만 부자라고 해서 다 우주로 갈 수 있는 것은 아니에요.

일본의 에노모토 다이스케는 2,100만 달러를 예치해 네 번째 우주 관광객의 꿈을 꾸었으나 건강상의 문제로 자격이 박탈되었어요. 우주관광은 돈만 많다고 할 수 있는 것이 아니라는 것을 알 수 있어요.

아누셰흐 안사리
Anousheh Ansari, 1966~

세계에서 네 번째이자, 여성으로서는 최초의 우주 관광객이에요. 안사리는 국제우주정거장에 머무는 동안 우주 공간에서의 일상을 직접 자신의 블로그(http://spaceblog.xprize.org)를 통해 전하기도 했답니다.

현재 우주 관광에 드는 비용은 약 2,000만 달러(약 230억 원) 정도예요. 그런데 전문가들은 5년 내에 10만 달러 정도의 비용으로도 우주 관광이 가능할 것이라고 이야기하고 있어요. 기술의 발달로 우주선이 점점 더 늘어나고 있기 때문이에요. 그렇게 된다면 우리도 한번 우주 관광을 꿈꿔 볼 수 있지 않을까요?

우주 관광용 비행선 이브

지금까지 우주 관광객들은 소유스호를 이용했어요. 그런데 소유스호를 타고 떠나는 우주 관광은 개인적으로 떠나는 것이라 비용이 많이 드는 것이라고 생각할 수도 있어요. 그렇다면 한 번에 많은 사람들을 싣고 간다면 어떨까요? 비행기처럼 말이에요.

비행기처럼 생긴 우주 관광용 비행선이 정말 존재해요. 2008년 7월, 미국 캘리포니아 모하비 공항에 나타난 이브(Eve)라는 이름이 새겨진 하얀색 비행기는 자세히 보니 보통의 비행기와는 모양이 달랐어요. 마치 비행기 두 대를 옆으로 붙여 놓은 것과 같은 모습이었어요. 바로 이 비행선이 우주 관

이브의 비행 모습. ⓒ Nicholas Miller

광을 떠나는 우주왕복선 본체를 지구 궤도 가까이, 높은 고도까지 운반해 주는 역할을 해요.

　이브는 비행기 두 대를 옆으로 붙여 놓은 듯한 모습을 하고 있어요. 이브의 가운데 위치한 또 한 대의 우주선이 바로 우주왕복선이랍니다. 이브가 지구 궤도 가까이까지 올라가면 우주왕복선이 분리되어 본격적인 우주 관

공개된 이브의 모습.
ⓒ Beige Alert@flickr.com

이브에 그려진 그림.
ⓒ Alan K. Radeck(Akradecki@the Wikimedia Commons)

광이 시작된답니다.

이 우주 관광용 비행선을 만든 곳은 '버진 걸랙틱'이라는 업체예요. 아직 이브를 이용한 첫 우주 관광이 언제 시작될지 정확히 알려지지 않았지만, 업체가 공개하고 있는 자료를 보면 그리 멀지 않은 것 같아요.

그리고 이미 이 비행선을 이용해 우주 관광을 하려고 하는 지원자들이 250명이 넘었어요. 소유스호를 타고 가는 우주 관광 비용이 2,000만 달러 정도인 것에 비해 버진 걸랙틱의 비행선을 이용하는 비용은 20만 달러로 저렴하다고 하니 그 때문일 수도 있겠네요.

불과 몇 년 전만 해도 우주여행은 아주 먼 훗날의 이야기 같았는데, 이렇게 빨리 우주여행이 실현될 수 있을지는 몰랐어요. 우주여행은 점점 더 빠르게 우리 곁으로 다가오는 것 같아요.

문제 1 인류 역사상 최초로 달에 발을 내딛은 사람은 누구인가요? 만약 여러분이 우주인이 되었다면 어떤 기분일지 상상해 봅시다.

문제 2 인류의 우주 개발 과정은 순조롭지만은 않았답니다. 안타까운 사건도 많았지요. 어떤 사건들이 있었을까요? 그리고 우리가 기억해야 할 점은 무엇일까요?

3. 지구에 계절이 생긴 것은 지구가 자전축이 약 23.5도 기울어져서 태양 주위를 공전하기 때문이에요. 그렇다 보니 햇빛을 정면으로 받는 지역이 달라지고, 또 계절 변화가 있을 수 있는 것이지요.

4. 우리가 타고 있으며 수많은 사람 중 하나가 살아가고 있는 지구에는 생명체의 해로운 성분이 많이 포함되어 있지요. 그래서 지구에는 생명체가 살기 알맞은 환경이 만들어졌습니다.

문제 3 화성도 지구처럼 공전과 자전을 한답니다. 그리고 화성의 자전축은 25도 정도 기울어져 있다고 해요. 이러한 사실을 통해 우리는 화성의 어떠한 특성을 알 수 있나요?

문제 4 화성 탐사선이 화성에 도착하기 전 과학자들의 가장 큰 관심은 '화성에 생명체가 존재할까?'였어요. 그런데 화성에는 물이 존재한다는 사실을 확인할 수 있었지만, 생명체가 존재할 것이라는 기대는 무너지고 말았답니다. 왜일까요?

정답

1. 이번 칠흑도 같이 밝은 대낮을 사람들 뭐 양성이야요. 수성만이 있어 달이 밝은 대낮이라더라도 그 기온이 상당히 낮답니다. 당초토는, 양축은 이들의 표현해답니다. "이상의 불 인간의 첫 눈만의 기록이다."

2. 우주 세계 중에 유일하다 언대까지 사진 중 대표적인 것으로 화성리자들의 풍부한 붉게 사진을 들 수 있어요. 이들 사진 중에서 특히 붉게 알려진 것이 바로 운하와 도시 흔적입니다. 이렇듯 충격적인 발견은 외계인 이야기로 연결되었어요.

관련 교과
초등 6학년 2학기 2. 일기예보
중학교 3학년 7. 태양계의 운동

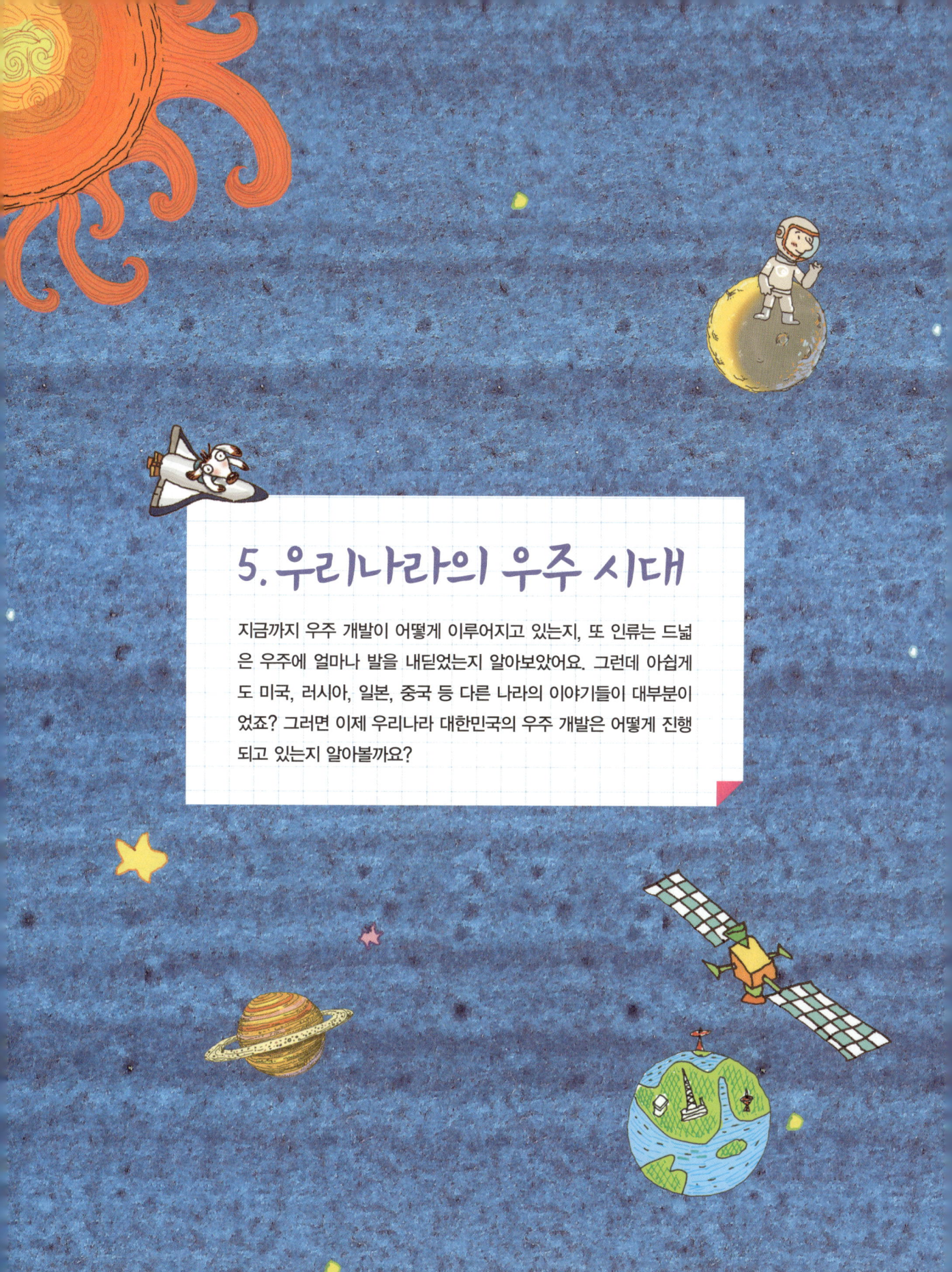

5. 우리나라의 우주 시대

지금까지 우주 개발이 어떻게 이루어지고 있는지, 또 인류는 드넓은 우주에 얼마나 발을 내딛었는지 알아보았어요. 그런데 아쉽게도 미국, 러시아, 일본, 중국 등 다른 나라의 이야기들이 대부분이었죠? 그러면 이제 우리나라 대한민국의 우주 개발은 어떻게 진행되고 있는지 알아볼까요?

우리나라 최초의 과학 인공위성, 우리별 1호

1992년 8월 11일, 우리나라의 첫 과학 인공위성인 우리별 1호가 남미 프랑스령 기아나의 우주 과학 기지 쿠루에서 발사되었어요. 우리별 1호는 무게 48.5kg, 크기는 가로 35.2㎝, 세로 35.6㎝, 높이 37㎝의 초소형 위성으로 1989년부터 많은 돈과 과학자들의 노력을 들여 개발한 위성이에요. 이 위

성 발사에 성공하여 우리나라는 세계에서 22번째로 위성을 보유한 나라가 되었어요.

우리별 1호는 작은 크기에 비해 대단한 기능들을 가지고 있었어요.

첫 번째 기능은 지구 관측 실험 기능이에요. 위성에는 두 대의 카메라가 설치되어 있었고, 이 카메라를 통해 지상을 촬영할 수 있게 설계되었어요. 촬영 면적이 우리나라 전체를 한 화면에 넣을 수 있을 정도로 컸지요.

두 번째 기능은 전자우편 기능이에요. 여러 가지 정보를 모아서 원하는 곳으로 전달하는 이 기능은 목소리까지도 전달이 가능했어요.

세 번째 기능은 우주 고에너지 입자 측정 실험 기능이에요. 위성은 지구 주위를 돌며 궤도상에 흩어져 있는 방사능의 종류와 세기를 검출하여 정보를 전달해 주기도 했답니다.

우리별 1호는 지상 1,300km의 고도로 110분마다 지구를 한 바퀴씩 돌며 맡은 임무를 다했어요. 하루에 13바퀴 정도 궤도를 돌며 한국과학기술대학과 6~7회 통신도 주고받았어요.

우리나라 최초의 방송 통신 위성, 무궁화 1호

1995년 8월 5일, 미국 플로리다 주 케이프 케너베럴 발사장에서 우리나라 최초의 방송 통신 위성인 무궁화 1호가 발사되었어요. 온 국민의 희망을 안고 발사된 이 위성은 시스템 문제로 인하여 목표 궤도에 미치지 못하는 사고가 발생하기도 했어요. 이 문제를 해결하기 위해 위성 자체가 가지고

있던 추진제를 사용하여 본래 목표했던 궤도로 이동했고, 그 때문에 위성의 수명이 반이나 단축되었어요.

하지만 무궁화 1호는 자기 임무를 충실히 수행했어요. 무궁화 1호는 직접 위성방송과 통신 전파를 쏘아 보냄으로써 한반도 전 지역을 비롯해 일본, 중국, 러시아 연해주 등 인근 지역까지 방송 통신 서비스를 가능하게 하는 큰 공로를 세웠답니다.

이후 발사된 무궁화 2호와 3호, 5호는 우리나라의 방송과 통신 서비스 지역을 전 세계로 확대시키는 데 중요한 역할을 했답니다.

우리나라 최초의 실용 위성, 아리랑 1호

　1999년 12월 21일, 미국 캘리포니아 주 반덴버그 공군기지에서 우리나라 최초의 실용 위성인 아리랑 1호가 발사되었어요. 아리랑 1호는 지구를 한 바퀴 도는 데 98분밖에 걸리지 않았어요. 아리랑 1호는 지상 685㎞ 상공에서 하루에 지구를 약 14바퀴씩 돌며 전 세계 곳곳의 위성 영상을 촬영하는 임무를 담당했고, 지난 2008년 1월에 공식적인 임무가 종료되었어요. 아리랑 1호는 발사 이후 8년간 지구 곳곳을 다니며 약 47만 장의 위성 사진을 촬영했답니다.

아리랑 1호 상상도(한국항공우주연구원 제공).

아리랑 2호가 찍은 독도(한국항공우주연구원 제공).

　그 후 발사된 아리랑 2호에는 미국과 러시아, 프랑스, 이스라엘, 일본만이 보유하고 있는 1m급 초정밀 카메라가 장착되어 있어요. 서울 한복판을 달리는 자동차의 차종까지 구별할 수 있는 정도로 높은 해상도를 가졌답니다. 우리나라는 아리랑 위성 1호와 2호의 개발과 성공적인 운용을 바탕으로 밤낮 없이 위성 영상 촬영이 가능한 아리랑 5호와 70㎝급 해상도의 카메라를 탑재한 아리랑 3호도 개발하고 있습니다. 이러한 인공위성의 개발은 우리 생활을 좀 더 편리하고 풍요롭게 해 주며, 해외로의 위성 영상 수출 등을 통해 우리나라를 잘사는 나라, 튼튼한 나라로 만들어 준답니다.

아리랑 1호 발사 장면
(한국항공우주연구원 제공).

우리나라 최초의 정지 궤도 위성, 천리안

정지 궤도 위성

지구의 자전 속도와 같은 속도로 지구 주변을 도는 위성을 말해요. 그래서 지표면에서 봤을 때 위성이 항상 같은 곳에 정지해 있는 것으로 보인답니다.

천리안 위성은 2010년 6월 27일, 남아메리카 프랑스령 기아나 쿠루 발사장에서 성공리에 발사되었어요. 천리안 위성은 우리나라가 국제 협력을 통해 개발한 최초의 정지 궤도 위성이랍니다. 그리고 천리안 위성은 무게가 2.5t으로 지금까지 우리나

천리안 위성 상상도(한국항공우주연구원 제공).

라가 쏘아 올린 위성 중에서도 가장 크고 무거운 위성이에요.

천리안 위성의 주요 임무는 한반도의 통신, 해양·기상 관측이에요. 이제껏 우리나라는 미국, 일본 등으로부터 기상 자료를 제공받아 왔는데, 이제는 천리안 위성이 촬영한 기상 자료를 통해 우리 스스로 빠르고 정확한 기상 예보를 할 수 있게 되었어요.

천리안 위성에는 지상의 구름 사진을 촬영할 카메라가 실려 있어요. 기상 위성에 사용하는 카메라는 우리 주위에서 흔히 볼 수 있는 디지털카메라와 기본적인 원리가 같아요. 기상 위성이 사용하는 카메라의 원리를 살펴볼까요? 우선 지구 영상이 기상 관측용 카메라 렌즈를 통해서 들어가요. 이때 빛은 '스캔미러'라는 거울에 한 번 반사된 다음에 렌즈에 들어오게 됩니다. 기상 위성 카메라는 전체를 한꺼번에 찍지 않고, '스캔미러'를 움직여서 전체 화면을 비로 쓸 듯이 나누어서 촬영해요. 사진의 해상도를 높게 하기 위해서이에요. 이렇게 나누어서 사진을 촬영하면 해상도는 높지만 사진 처음 부분과 끝 부분 사이에는 약 20분 정도의 시간 차이가 생겨요.

천리안 위성이 촬영한 기상 자료는 평화적인 목적으로 국제적인 재난·재해 감시를 위해서도 다른 나라에 제공해 줄 수 있답니다. 또한, 한반도 주변 해양을 관측하고 통신 서비스를 제공함으로써 우리 생활에 많은 도움을 줄 예정이에요.

> **해상도**
>
> 어느 일정한 단위 안에서 얼마나 더 자세하게 그 내용을 표현하는가를 나타내는 말이에요. 이 용어는 주로 컴퓨터 모니터, 디지털 텔레비전, 또는 프린터의 출력에 쓰입니다.

우리나라 최초의 우주기지, 나로우주센터

앞에서 보았듯이 우리나라도 위성 대국이 되었어요. 그런데 그렇게 되기까지 우리는 우리나라에서 자체적으로 위성을 발사시킨 적이 없었어요. 우리나라에는 우주기지가 없기 때문에 항상 미국이나 프랑스 등 다른 나라의 우주기지를 이용해야만 했고, 그때마다 비싼 외화를 많이 지불해야만 했어요. 하지만 이젠 우리나라에도 최초의 우주기지가 생겼어요! 전라남도 고흥군 봉래면 외나로도에 위치한 나로우주센터가 바로 우리나라 최초의 우주기지예요. 우리나라는 세계에서 13번째로 우주기지를 보유한 나라가 되었답니다.

나로우주센터는 약 507만㎡의 부지에 세계 그 어떤 나라의 우주기지에도 뒤지지 않는 훌륭한 모습과 시설을 갖추고 있어요. 나로우주센터에는 청소년들이 우주에 대해 배울 수 있는 우주 과학관을 비롯하여 우주 발사체를 우주로 쏘아 올릴 수 있는 발사대, 발사와 관련된 모든 통제에 관여하는 통제 센터, 발사 후 각종 데이터를 수신하는 추적 레이더 및 원격 자료 수신 시설, 기상 관측 시설, 광학 추적 시설, 위성 시험동 등 인공위성과 각종 우주 발사체의 발사를 위한 시설들을 고루 갖추고 있어요.

나로우주센터에서는 지난 2009년 8월 25일과 2010년 6월 10일, 과학 기술 위성 2호를 탑재한 한국 최초 우주 발사체 '나로호'를 두 차례나 발사했답니다.

 그런데 아쉽게도 지금까지 두 번의 로켓 발사는 실패하고 말았어요. 하지만 슬퍼하지 마세요. 과학 기술은 수많은 실패 속에서 발전하는 법이니까요. 앞에서 보았듯 우주 개발의 최첨단을 달리는 미국도 많은 실패를 거쳐 세계 최고가 되었고, 우리나라도 그 뒤를 따라 열심히 노력하고 있었다.

 우리나라의 힘으로 만든 로켓을 타고 위성이 날아가는 모습, 상상만 해도 감동적이지 않나요?

 언젠가는 우리가 그랬던 것처럼 다른 나라 우주 비행사들이 우주기지를 빌리기 위해 우리나라에 오기도 하겠지요? 위성뿐만 아니라 우주인을 태운 우주선을 우주로 쏘아 올리는 모습도 직접 볼 수 있을 거예요.

문제 1 우리나라 최초의 인공위성은 무엇인가요? 어떤 기능을 가지고 있었나요?

문제 2 우리나라 최초의 방송 통신 위성인 무궁화 1호는 어떤 역할을 했나요?

3. 정지 궤도 위성은 지구의 자전 속도와 같은 속도로 도는 위성을 말해요. 그래서 지표면에서 볼 때 하늘의 동일 위치에 정지된 것처럼 보이는 것이지요. 2010년 6월 27일에 발사된 정지 궤도 복합위성인 천리안 위성이 있어요. 기상 관측과 해양, 통신 위성의 기능을 가지고 있답니다. 앞으로도 우리나라는 인공위성 기술을 발전시켜 우주의 신비를 밝히는 데 기여할 것으로 기대됩니다.

문제 3 천리안 위성은 정지 궤도 위성이에요. 정지 궤도 위성이란 무엇인가요? 그리고 천리안 위성은 어떤 역할을 하게 될까요?

정답

1. 1992년 8월 11일 발사된 우리별 1호 위성이 우리나라의 첫 과학 인공위성이에요. 이 위성 발사에 성공하여 우리나라는 세계에서 22번째로 위성을 보유한 나라가 되었어요. 우리별 1호는 크기는 작지만 강력한 기능을 가지고 있답니다. 카메라를 통해 지상을 촬영할 수 있었는데, 우리나라 전체를 한 화면에 넣을 수 있을 정도였지요. 그리고 여러 정보를 모아 원하는 곳으로 전달하는 전자우편 기능도 가지고 있어요.

2. 무궁화 1호는 직접 위성방송과 통신 전파를 쏘아 보냄으로써 한반도 전 지역과 인근 지역까지 방송 통신 서비스를 가능하게 했어요. 뒤이어 발사된 무궁화 2, 3, 5호는 우리나라 방송과 통신 서비스 지역을 전 세계로 확대시키기도 했답니다.